o facilitador e a facilitação

EDUARDO CHEFFE

o facilitador e a facilitação

Caminhos para
potencializar a
inteligência coletiva
nutrindo as relações

COPYRIGHT © 2025 EDUARDO CHEFFE

Todos os direitos reservados. Este livro não pode ser reproduzido no todo ou em parte, armazenado em um sistema de recuperação ou transmitido de nenhuma forma ou por nenhum meio eletrônico, mecânico ou outro sem a permissão por escrito da editora, exceto por um revisor, que pode citar breves passagens em uma revisão.

COORDENAÇÃO EDITORIAL
Isabel Valle

CAPA E PROJETO GRÁFICO
Luiza Chamma

DIAGRAMAÇÃO
SCALT Soluções Editoriais

ISBN 978-65-89138-74-7

www.bambualeditora.com.br
conexao@bambualeditora.com.br

"Um belo dia eu resolvi mudar
E fazer tudo o que eu queria fazer..."
Cheffe é o meu nome, eu nasci assim.
E está tudo bem.

DEDICO ESTE LIVRO AO MEU PAI, o médico psiquiatra gaúcho Ely Atalla Cheffe, falecido em 2016 e que, ao longo de toda vida, nutriu o gosto pela leitura. Eu até hoje nunca vi alguém ler livros como o meu pai lia. Ele devorava os tais romances policiais da Agatha Christie (todos) em questão de dois ou três dias. Havia uma coleção chamada Mistério Magazine que ele era fã. Ele sempre me incentivou muito a ler, sempre me falou do valor da leitura diversificada, sobre absolutamente tudo. Ele falava sobre a importância de ter repertório e ser curioso. Durante a sua formação em medicina, atuava nas madrugadas como revisor do jornal Correio do Povo.

Acredito que a leitura começou como uma necessidade e, com o tempo, se tornou um gosto. Nunca vou esquecer uma vez que encontramos o pai lendo a Bíblia, atento e sem desgrudar os olhos. Ficamos incrédulos e o questionamos: "*Como assim um ateu lendo a Bíblia?*" Ele respondeu: "*Eu preciso saber sobre o que eu não acredito*". Este era o pai, o leitor de tudo, principalmente romances policiais ao estilo Agatha Christie, Ellery Queen e Georges Simenon. Nos anos 1980, ele chegou a escrever um livro chamado *O Mistério do Kibe de Bandeja*. Jamais foi publicado.

Hoje, eu dedico este livro a ele e reconheço e celebro a importância do incentivo, da inspiração e as tantas conquistas, descobertas e prazeres que a leitura tem me proporcionado.

sumário

Prefácio, por Laila Palazzo Rodrigues 11

Introdução 15

Check-in 19

Capítulo 1. 23
Alguns casos pitorescos que eu vivenciei

Capítulo 2. 41
Mas afinal, o que é facilitação de grupos?

Capítulo 3. 61
Muito prazer, eu sou um facilitador de grupos

Capítulo 4. 75
A facilitação começa antes do encontro e termina depois

Capítulo 5. 93
Tipos de facilitação de grupos

Capítulo 6. 121
Facilitação individual, em duplas, trios e times de facilitadores

Capítulo 7. 131
Incontroláveis, imprevisíveis e indesejáveis em uma facilitação

Capítulo 8. 143
Como avaliar uma facilitação?

Check-out 153

prefácio

NA COMPLEXIDADE DO MUNDO EM que vivemos, não há indivíduos, grupos ou organizações que, em determinadas esferas, não desejem ver seus processos e relações com mais profundidade e simplicidade.

Vivemos a era da "obesidade intelectual", como diz meu querido amigo, colega de profissão e autor deste livro, Eduardo Cheffe. A era onde quase tudo vira produto e performance, tornando nossas ações baseadas em excesso no campo do pensar e da razão e, pouco ou quase nada, no respeito e olhar para o sentir.

Lembro quando despertei pela primeira vez para essa inquietação, eu ainda atuava no mundo organizacional. Trabalhava em uma empresa onde os processos e a cultura eram super bem desenhados e ficavam lindos quando víamos cada frase ou palavra de impacto estampadas nas paredes. Ler aquelas ideias e ideais me motivavam. Eu realmente acreditava que se tudo aquilo fosse colocado em prática, os resultados seriam muito mais satisfatórios. E aqui não falo só sobre resultados numéricos: falo também sobre a excelência da entrega, a satisfação, realização e orgulho das pessoas em fazerem o seu *labore* com sentido e significado para além da tarefa – da qualidade das relações no ambiente de trabalho que impactam diretamente na qualidade de vida dos indivíduos.

Só que tudo aquilo não passava de conceitos criados por publicitários que nem eu, feras em *storytelling*. Na prática, nada acontecia.

E foi justamente isso que me levou há quase 10 anos ao caminho de descoberta da facilitação de processos e de grupos, por meio daquilo que eu escolhi como base profissional: a comunicação. Um chamado para contribuir para a transformação do discurso empresarial em práticas mais equilibradas, apoiadas em uma visão sistêmica e mais cuidadosa.

Quando peguei este livro nas mãos para escrever este prefácio, de cara me deparei com algo sutil que faz parte desse processo. Os termos "o facilitador" e "a facilitação", como anuncia o título, trazem o equilíbrio da energia do masculino e feminino. Não estou falando aqui de homem e mulher, mas de qualidades e habilidades complementares que compõem o papel do facilitador e o ato da facilitação.

Facilitar é uma mistura de método e arte. É como entrar na pista sabendo qual música vai tocar, mas sem controle de como os outros vão dançar. É saber bailar entre a ação e a escuta, razão e emoção. Ver e ouvir o que está sendo exposto e dito; ler e ajudar a revelar o que aos olhos de muitos é invisível. Quem assume esse papel precisa ser uma mistura de cientista e artista, estrutura e fluidez, prática e intuição.

Quem deseja se aventurar em processos de facilitação de grupos precisa ser, antes de mais nada, humano e aprendiz. Ser seu próprio laboratório de experiências. Viver o que fala para praticar o que prega, ainda que carregue consigo as incoerências que vivem em todos nós, seres humanos.

Autoconhecimento, saber explorar qualidades e entender limites são fundamentais para deixar uma marca registrada em qualquer intervenção, pois representam algo indispensável nesse processo: autenticidade – característica essa que o Edu carrega com maestria, trazendo para os grupos os quais facilita uma memória tão forte, capaz de "colar" o aprendizado a ponto dele se tornar inesquecível.

Facilitar exige técnica, instrução, conteúdo e método. Mas também é arte, porque é um grande caminho de descoberta: tudo se revela no encontro e na conexão com o outro. Por isso exige saber navegar no caórdico.

Mas, afinal, como é isso? As páginas deste livro e as experiências tão reais do facilitador te mostrarão não só o conceito, mas a prática desse movimento.

O processo de facilitação se torna um espelho da equipe, revela a dinâmica de um grupo por meio das atividades propostas. Ali se descortinam características importantes das relações que são combustível para a comunicação, a capacidade de conflitar, a forma como times lidam com problemas, com diversidade, erros, pedidos de ajuda e de como apoiam ou não uns aos outros. A Dra. Amy Edmondson, referência mundial em Segurança Psicológica, chama esses pontos de "elementos fundamentais para a performance das equipes, os resultados e a cultura da organização". Criar um ambiente seguro psicologicamente também é resultado da maestria de quem conduz um grupo, da capacidade de gerar confiança para que as pessoas participantes se entreguem ao processo com coragem e se permitam enxergar o que precisa ser revelado para tomar decisões que ajudem o time a evoluir com consistência e consciência.

Nesses 10 anos de atuação, experiência, crescimento e desenvolvimento, meu amigo Eduardo Cheffe presenteia a todos nós com uma leitura verdadeira, honesta, sensível e divertida sobre a arte de facilitar processos e grupos. Para quem quer começar a se experimentar em habilidades de facilitação, se tornar um facilitador ou ainda, aprofundar seus conhecimentos sobre o tema, esse livro é didático e pontua cada detalhe do início ao fim do processo.

Antoine de Sant-Exupéry diz em *O Pequeno Príncipe* que nos tornamos eternamente responsáveis por aquilo que cativamos. Desejo que, assim como eu, você termine essa leitura tocado, motivado e mais responsável pelas interações que promove e pelos espaços que sustenta. Que seja um belo encontro com o seu lugar de facilitador e facilitação. Boa leitura!

Laila Palazzo Rodrigues
Sócia-fundadora da Laborama Cultura Organizacional

introdução

ESTE LIVRO APRESENTA UMA VISÃO bastante pessoal sobre a Arte de Facilitar Grupos, baseada em minhas experiências, vivências, processos de aprendizado e descobertas, e é tudo isso que vou compartilhar com você. Eu apresento aprendizados, desafios e inquietações com base em 10 anos de atividade, uma série de cursos e muitas parcerias que me proporcionaram e seguem me proporcionando aprendizados constantes. Já facilitei grupos individualmente, em duplas, em trios e em grupos de facilitadores. Cada experiência é sempre única.

Eu percebo uma grande oportunidade de aprendizado e desenvolvimento comportamental para lideranças e membros de times que tenham a possibilidade de organizar uma reunião, de fazer a gestão de um projeto, de conduzir uma conversa com um grupo, coordenar uma assembleia em um colegiado, um retiro ou uma convenção. Todos estes momentos são exemplos em que as habilidades de facilitação se fazem necessárias.

É comum escutar depoimentos sobre reuniões improdutivas, conversas sem propósito e encontros constrangedores sem alguém que tenha a habilidade e disposição para facilitar o processo, que proporcione fluidez e organização, sem criar excesso de rigidez e desconforto. Outras vezes, na tentativa de criar leveza e fluidez, o que acaba imperando é uma grande bagunça, falta de iniciativa e de produtividade. Tudo isso está diretamente relacionado a arte de facilitar grupos a partir dos perfis dos participantes, do tempo disponível e da real necessidade de facilitação. Vai muito além de regras e procedimentos, pois envolve a disposição em praticar princípios sutis que exigem *atenção, intenção e presença*.

Com o passar dos anos, passei a perceber e escutar com mais atenção o que falam a meu respeito e isto me apoiou a identificar meu mantra. Cuido deste mantra quase como um propósito. Meu mantra é:

"Promover a inteligência coletiva nutrindo as relações."

Simples e objetivo, ao mesmo tempo complexo, poderoso e exigente. É isso que tenho realizado em facilitações de grupo, independentemente de quais grupos são ou, até mesmo, dos objetivos de cada facilitação. Não facilitamos processos, facilitamos pessoas a navegarem seguras e confiantes nas suas tarefas. Promover a inteligência coletiva é estimular a abertura, conexões, segurança, diálogos, colaboração, criatividade e inovação. Nada disso ocorre se as conexões forem frágeis. É a qualidade das relações que permite e provoca que a inteligência coletiva se manifeste de forma síncrona em uma reunião com pessoas interagindo em busca de resolver ou investigar alguma questão. Assim, eu me torno um facilitador de grupos.

Neste livro vamos navegar por este universo. Minha intenção é proporcionar entendimentos e aprendizados para que cada pessoa possa identificar suas oportunidades e compreender seus próprios processos de desenvolvimento para facilitar grupos. Esta é a sutileza. Cada um pode identificar onde está e descobrir até onde vai ou pode ir. Eu sei que algumas conversas ou atividades não serão abertas em um determinado grupo por fatores diversos, como maturidade do grupo, tempo disponível para a atividade, se é um encontro ou se é uma trilha composta por vários encontros, se é *online* ou se é presencial, e até mesmo se a questão que emerge faz parte dos "entregáveis" solicitados para aquele momento.

Tentarei abordar todos esses aspectos para que não fique dúvida, mas ainda assim sei que muitas perguntas emergirão no decorrer desta leitura, e tá tudo certo.

Antes de dar um próximo passo sobre a facilitação de grupos, quero trazer uma provocação que pode auxiliar sua compreensão sobre este tema. Procure refletir sobre o seu objetivo com esta leitura. Pense se você já tem algumas dúvidas sobre o tema. Você já participou de uma facilitação? Você já atuou, ou atua, facilitando grupos? Quais são os pontos que você gostaria de saber quando o assunto é facilitação de grupos? Estas questões certamente vão lhe conectar mais com o tema e fazer com que você navegue nas próximas páginas com a atenção redobrada, pois você vai ler sobre algo que importa, você vai ler sobre questões vivas em você, e isso faz toda diferença. E se por acaso você está lendo este livro porque sentiu um convite, uma atração, uma vontade e não conhece o assunto a ponto de ter dúvidas, tá tudo bem também. Será um prazer lhe conduzir pelo fantástico, sutil, profundo e instigante mundo da Arte de Facilitar Grupos.

Fique à vontade para sublinhar, colorir as partes que mais lhe chamam a atenção, colocar *post-its*, escrever suas anotações, fazer rabiscos. Divirta-se aprendendo e torne seu processo facilitado por você mesmo.

Vamos começar da maneira que adoro quando facilito encontros: com um *check-in*.

check-in

COMEÇO ESTE LIVRO COM O CONVITE para um breve *check-in*, que é um momento inicial quando nos proporcionamos uma conexão com a nossa intenção e com a atividade que vamos começar. Eu sempre proponho um breve *check-in* quando vou facilitar um grupo e até mesmo antes de começar algumas reuniões. Não dói – geralmente não dói. Assim como aqui no início da leitura eu proponho um *check-in*, depois, lá no final, vou propor um *check-out*. Tanto o *check-in* como o *check-out* não possuem uma fórmula pronta, que sempre se repete. Existem várias formas de fazer um *check-in* ou um *check-out*.

Vou propor um *check-in* rápido e que apoie a sua conexão com este livro. Por sinal, toda vez que você pegar este livro para retomar a leitura você pode fazer o seu *check-in*. Vamos lá.

- Se você está iniciando a leitura faça o *check-in* 1.
- Se você já iniciou a leitura e está retomando, faça o *check-in* 2.

CHECK-IN 1

Não há a necessidade de escrever ou responder em voz alta, apenas siga o que trarei aqui e responda em pensamento e em primeira pessoa:

- Complete a frase: O meu nome é...
- O que levou você a pegar este livro e iniciar esta leitura?

- Qual a sua relação com a Facilitação de Grupos?
- Qual a sua curiosidade sobre este tema?
- O que você gostaria de aprender?
- Qual a sua expectativa em relação a este livro?

Reflita se você pensou sobre as respostas ou se você seguiu lendo uma pergunta após a outra sem parar para pensar no que foi proposto. O que isso fala do seu jeito? Quanto isso se repete no seu dia a dia?

Elabore suas respostas em silêncio e reflita a respeito. Feito isso, eu faço um último convite para este momento de *check-in*.

- Como você está se sentindo agora?

Tome consciência do sentimento que se faz presente em você neste momento e avalie se está precisando de algo que possa melhorar a qualidade deste momento.

Pronto. *Check-in* realizado.

CHECK-IN 2

(este é para quem já iniciou a leitura deste livro e a está retomando)

Diga para si em silêncio: Meu nome é...

Agora tente lembrar sobre o que você já leu e resgate o que mais lhe marcou na leitura até o momento que você parou. Procure lembrar se teve uma frase que lhe marcou ou se teve alguma provocação que fez muito sentido ou se você se identificou com algum momento da minha narrativa. Faça um esforço se for preciso. Refletir sobre o que você já leu apoiará sua retomada.

Após esta lembrança, identifique o sentimento que se faz presente em você neste momento e avalie se está precisando de algo para que sua leitura seja agradável e fluida. Lembre: sempre que você for reiniciar a leitura deste livro você pode vir aqui e ler este parágrafo antes de começar do ponto em que parou. Este é um momento de conexão a partir do resgate do que você já leu e se deu conta. Pronto. *Check-in* concluído.

MAIS ALGUNS CUIDADOS

Feito o *check-in* 1 ou o *check-in* 2, eu trago um cuidado para que você possa se perceber e aproveitar seu momento. Você está em uma posição confortável? Você pegou uma bebida de sua preferência para acompanhar sua leitura? Pode ser um chimarrão, uma garrafinha de água, café, chá ou uma taça de vinho – você escolhe. Cuide para não forçar o pescoço enquanto lê. Se você estiver com a versão impressa, tenha por perto um lápis para sublinhar e fazer anotações. Eu gosto de lápis colorido e bem apontado, e você? O livro é seu, faça como quiser, você escolhe.

Sinta-se confortável e se proporcione momentos de aprendizado e boas reflexões. Lembre que esta leitura pode apoiar a sua carreira e as suas relações em diversos ambientes, principalmente no de trabalho.

1
alguns casos pitorescos que eu vivenciei

NESTE CAPÍTULO CONTO HISTÓRIAS, MOMENTOS, pensamentos, situações que eu tive a oportunidade de vivenciar e que de alguma forma me marcaram. São um panorama real sobre o que pode acontecer em uma facilitação e que vai muito além do planejamento. São momentos divertidos, tensos, inesperados, enfim, que exigem tomada de decisões para tudo aquilo que não está neste livro e, provavelmente, em nenhum outro. Todos os fatos deste capítulo são reais e aconteceram comigo. Não vou identificar empresas ou pessoas – trarei apenas as situações. Vamos rir e aprender juntos.

FACILITAÇÃO *ONLINE* COM TAPA
NO BRAÇO E SACUDIDA NO OMBRO

Aconteceu em uma tarde de inverno durante a pandemia do Covid-19. Estávamos *online* com um grupo de aproximadamente 20 participantes. Éramos uma dupla de facilitação. O grupo não estava muito acostumado com facilitação de grupos e nem com interações *online*. Era um grupo de uma grande indústria, executivos que trabalham de forma presencial em plantas industriais. Neste dia, em função de nossa atividade, os integrantes do time foram liberados para trabalhar de casa e quem desejasse trabalhar da empresa também poderia. Nossa solicitação foi que todos escolhessem um local onde tivessem privacidade, pudessem abrir câmera, abrir microfone, e interagissem *online* em vários momentos. Explicamos que trataríamos de questões sensíveis e que quanto maior fosse a privacidade de cada um, melhor seria a entrega ao processo e o nível de participação nas atividades. Em um certo momento da atividade, convidamos o time para fazer uma reflexão de olhos fechados, uma meditação curta, mas suficiente para proporcionar uma conexão com questões bem importantes que seriam trabalhadas logo a seguir. Durante a meditação todos permaneceram de câmera aberta e microfones fechados. Para nossa surpresa, todos aceitaram fechar os olhos. A pessoa que compunha minha dupla de facilitação puxou a meditação e eu fiquei atento para ver se chegava alguém na sala *online* ou caso alguém saísse da sala e precisasse voltar novamente –estávamos os dois bem atentos ao grupo. Pelo quadradinho de cada um, na transmissão do encontro *online*, só se vê cabeça e ombro. Passados dois minutos do início da meditação, a cena que vimos foi uma mão entrar em um dos quadradinhos, dar um tapa no braço e sacudir forte o ombro de um dos participantes. Ele levou o maior susto, afinal, estava bem concentrado, tinha se entregue totalmente à nossa atividade. Ele abriu os olhos incrédulo, falou com a pessoa que o cutucou de maneira bem expressiva e voltou a fechar os olhos, tentando seguir na meditação. Quando a atividade terminou, perguntamos a todos como tinha sido o processo. Ele, já dando muitas risadas, nos revelou que sua esposa entrou no cômodo da casa em que ele fazia a atividade e viu que ele estava diante do computador de olhos fechados. Ela achou que ele tinha pegado no sono durante a reunião e, como geralmente ele não abre câmera, ela nem se preocupou e não teve a menor dúvida: deu um tapa no braço e uma boa cutucada no ombro para que ele acordasse. Todos riram muito diante da situação e jamais vamos esquecer o dia em que a esposa achou que o marido tinha dormido na reunião *online* da empresa.

FACILITAÇÃO *ONLINE* COM "ARTEVIDADE" QUASE GERA CRISE NO CASAMENTO

Lá estávamos nós em mais uma facilitação de grupos *online*, já na fase final da pandemia do Covid-19. O grupo era composto por trabalhadores da indústria, todos atuando em uma mesma empresa, porém em diferentes unidades. Um grupo que precisava descomprimir, pois há muito tempo vinham em atividades intensas. Estávamos proporcionando ao grupo um momento de descompressão. Novamente eu estava facilitando em dupla.

Todos os integrantes do time receberam um kit em casa para participar do encontro. O kit era composto por um pincel, uma tela branca de pintura e tintas coloridas. Estávamos em um momento que chamamos de "artevidade" (arte + atividade). O time pintava com câmeras abertas e microfones fechados enquanto compartilhávamos uma música para que todos seguissem embalados e conectados. Lá pelas tantas, observamos um integrante do grupo gesticulando muito e falando com alguém. O tom da conversa parecia sério. Mas às vezes ele dava risadas. Ao mesmo tempo que ele estava falando, gesticulando e pedindo licença para alguém, também colocava a mão no rosto e ria. Parecia constrangido, às vezes olhava para a câmera e ria. Todos repararam que algo estava acontecendo. Ele abre o microfone e conta para todo grupo que a esposa, ao entrar na sala onde ele estava fazendo a "artevidade" e conectado *online*, achou que ele estava em um grupo de terapia porque havia sido demitido e não tinha coragem de contar para ela. Ele contou que ela dizia: "Onde já se viu, uma empresa séria dessas mandar tinta e tela para a casa do funcionário ficar pintando em pleno dia de semana – foste demitido e não tens coragem de me falar. Isso aí é terapia em grupo é?" O grupo não queria mais nada! Risadas e mais risadas. Pegaram no pé dele. Muita gozação, muita diversão e mais uma cena que jamais vamos esquecer.

O DIA EM QUE RASGAMOS O CRONOGRAMA NA FRENTE DO GRUPO

Esta facilitação aconteceu faz muito tempo. Estávamos facilitando em dupla. Como de costume, organizamos um grande círculo para o momento do *check-in*. Aquele seria um momento inicial no qual os mais de 30 integrantes dariam suas primeiras palavras. Eu e o meu parceiro de facilitação tínhamos, cada um, uma folha em mãos com toda a agenda de atividades da facilitação que estava programada para acontecer das 9h às 12h em uma sala de treinamento, na sede da empresa, em Porto Alegre. Enquanto acontecia o *check-in*, percebemos que o grupo estava com uma necessidade gigante de fala. O tempo todo olhávamos (eu e o meu parceiro de facilitação) para o relógio e permitíamos que as pessoas falassem tudo que tinham para falar. Sabíamos que estávamos fazendo uma escolha que iria interferir em todo nosso cronograma de atividades, e estava tudo bem.

Cada novo integrante que começava a falar e que deveria ser uma fala de, no máximo, dois minutos, se tornava um discurso com muitas questões sensíveis emergindo. O time estava fluindo em uma emoção que transbordava. Ao mesmo tempo que as falas eram extensas, nada era desnecessário, tudo era exatamente o que tinha para acontecer, tudo era exatamente o que cabia e o que já não cabia mais e precisava ser verbalizado. O grupo se sentiu acolhido e seguro para colocar para fora muitas questões que estavam engasgadas e que estavam atrapalhando o próprio fluxo de relações e atividades em seus momentos de trabalho. Passado um certo tempo, olhamos o relógio e percebemos que estávamos no meio da manhã e somente a metade do grupo tinha falado. Nos olhamos, eu e o meu parceiro de facilitação, pegamos a agenda do encontro (cada um pegou a sua) e sem falar nada, em total sintonia começamos a rasgar nossas agendas do encontro na frente de todos. Eu chego a me arrepiar lembrando desta cena. O time perguntou o que estávamos fazendo. Naquele momento só com a troca de olhares decidimos seguir com o que já era um belo círculo de conversas significativas. Refizemos breves acordos quanto ao direcionamento do encontro. Cuidamos para não quebrar o fluxo e a energia que já havia emergido, passando a nutrir e sustentar, intervindo o mínimo possível. Praticamos a arte de conduzir e calar. Não estávamos lá para falar ou aparecer e, sim, servindo de *guard rails*. Estávamos no papel de manejadores, cuidando do invisível e necessário. Fizemos intervenções sutis e breves. O grupo sabia que estávamos ali e que não havíamos largado, pelo contrário, nossa presença era total. Aquele encontro foi uma aula de facilitação. Aquele encontro ficou registrado em minha memória por tudo que emergia nas falas, por nossa tomada de decisão, nossa sintonia de olhares, pelas escolhas que fizemos e a habilidade em permitir e cuidar na dose certa. Quando acabou a última fala do que inicialmente era um *check-in* e se tornou um círculo de conversas significativas, falamos um pouco sobre o que tínhamos presenciado e convidamos o grupo para um breve *check-out*. Todos respeitaram nosso pedido e, em uma frase curta, cada um disse como estava saindo daquele encontro e o que o encontro significava para si. Encerramos a facilitação exaustos, todos. Foi tri bom! Quantos abraços, quantas lágrimas e quantos elogios.

O DIA QUE DERRUBEI E QUEBREI O CAVALETE NA FRENTE DO GOVERNADOR

Essa é daquelas histórias que a gente tem vontade de se enfiar em um buraco de tanta vergonha. Mas assim como a vontade aparece, é bom que desapareça logo no segundo seguinte, que é para ter serenidade e fazer uma escolha sobre como proceder. Não se tratava de uma facilitação, mas comento porque é relevante em termos de atitude.

Fui convidado para fazer uma palestra na inauguração de um espaço coletivo no Centro Administrativo do Rio Grande do Sul, com a presença de várias autoridades, inclusive a do governador Eduardo Leite. Fui com a intensão de falar sobre o conceito da Trimembração Humana, conectando com a oportunidade de utilização daquele novo espaço que estava sendo entregue. Não montei apresentação em "ppt" – eu escolhi desenhar a apresentação na hora, em uma folha de *flipchart*. Eu só precisava de um bom cavalete e de umas duas ou três folhas brancas. Levei as canetas que gosto de usar. Além das autoridades, da imprensa e de alguns servidores que estavam presentes, em torno de 100 pessoas, o evento também estava sendo transmitido ao vivo para todos os servidores do Estado por um canal exclusivo via internet. Eu me posicionei para iniciar minha fala. Havia duas ou três câmeras na minha frente, mais ao lado as autoridades, e tem um fato importante: estávamos retornando da pandemia do Covid-19. Eu estava muito empolgado com a retomada do presencial. Comecei a falar ligado nos 220 volts, estava completamente energizado, gesticulava como nunca. Daí, peguei a caneta, daquelas tipo pincel atômico, e vou para o cavalete desenhar nas folhas de *flipchart*... Gente, fui com muita energia! Dei um encontrão no cavalete que ele se desmontou todo, caiu no chão e as partes de madeira do cavalete se quebraram. Teve um assessor que veio correndo e quis ficar segurando o cavalete. Não deu certo. O governador Eduardo Leite colocou as mãos na cabeça. As ilustres autoridades presentes só se olhavam. Cheguei a escutar: – "Mas quem é esse mesmo?" Naquele momento, eu olhei para a câmera e, segurando a risada (claro que de nervoso), falei: – "Vamos sem cavalete. Não precisa! Vou contar uma história para vocês. Câmera, fecha em mim!" Dali em frente eu fiz tudo sem desenhar e sem "ppt". Era só eu falando e o resultado, modéstia a parte, foi tri bom. Fui falar sobre um assunto que era de meu total domínio. Eu tinha feito um raciocínio de conexão do conteúdo com a utilização do espaço coletivo e com princípios da colaboração e já estava com tudo amarrado em minha cabeça.

Quando consegui espiar as autoridades, vi que todos estavam de olhos vidrados, aproveitando muito, e depois quando acabou escutei muitos comentários positivos e agradecimentos. Algumas pessoas vieram conversar comigo e dizer que jamais teriam conseguido reverter o caso. Acredito que, se não tivesse acontecido comigo, e se eu ficasse pensando a respeito, talvez eu dissesse o mesmo. Aprendi que é somente na hora que a gente assume que fez uma grande bobagem é que também percebemos que nós próprios somos as pessoas mais indicadas para corrigir, ou pelo menos tentar.

O TIME QUE ENTROU MUDO E SAIU CALADO

Eu já tive dois episódios assim. Já tive grupos que iniciam mais calados e que com o passar do tempo vão se soltando. Mas de entrar mudo e sair calado, eu tive só estes dois. Foram situações muito distintas, em empresas diferentes, e com parceiros de facilitação diferentes. A temática era a mesma – estávamos falando sobre desenvolvimento humano – e teve um fator comum que me chamou a atenção em ambos os casos. Os dois episódios aconteceram com uma composição de grupo muito parecida, pessoas que trabalham na mesma organização, em áreas diferentes, em unidades de negócio diferentes e que de alguma forma as unidades têm quadros de desempenho compartilhados estimulando competição entre unidades. Estas pessoas tinham muito medo de falar, medo de se expor, medo de expor suas unidades de trabalho. Aos poucos fui compreendendo que tudo que viessem a falar poderia vazar daquele ambiente e ser utilizado contra suas unidades em momentos futuros. Não cheguei a comprovar minha tese, mas tive fortes indícios. A facilitação de grupos, por sua natureza em facilitar construções coletivas, necessitava da interação. Por mais estímulos que eu trouxesse, por mais convites que eu fizesse, os grupos estavam fechados para expor, eles desejavam conhecer, saber, escutar, sem interagir uns com os outros, sem demonstrar como pensam e o que pensam, nem mesmo casos hipotéticos. Tirei muitos aprendizados destes dois momentos, por isso tenho aprofundado mais as conversas que faço no momento do *briefing*, buscando conhecer ao máximo o perfil dos grupos, o nível de interação e abertura, nível de confiança, e tudo isso me proporciona escolher atividades mais adequadas para cada grupo. Nestes dois encontros, eu lembro de ter me cansado muito além do normal. Minha energia no final do encontro ficava muito baixa. Aprendi que, como já mencionei outras vezes neste livro, acontece o que tem para acontecer. E longe de qualquer forma de conformismo.

"

O que poderia ser um
caminho interpessoal se torna
um caminho intrapessoal,
que também é uma abordagem
útil, consistente e que merece
ser considerada.

Eu me refiro a capacidade de acolhimento. Quando eu percebo que a composição do grupo interfere no caminho da descoberta a partir das interações, a solução é partir para o caminho da instrução. Ao invés de perder tempo forçando uma interação não desejada, o mais recomendado é dar uma excelente aula ou fazer uma palestra memorável, assim todos aprendem, todos recebem o conteúdo, fazem suas próprias reflexões. O que poderia ser um caminho interpessoal se torna um caminho intrapessoal, que também é uma abordagem útil, consistente e que merece ser considerada.

FACILITAÇÃO COM CARNE ESTRAGADA

Foi um encontro com um time de uma grande organização da área financeira. Pelo que me recordo, eram 80 participantes. Chegamos na quinta-feira a tarde e a facilitação aconteceu na sexta-feira, todo dia, e sábado pela manhã, em um hotel na serra gaúcha. Eu estava facilitando em parceria com outro facilitador de grupos que me chamou para planejar e facilitar este encontro com ele. Logo que chegamos ao hotel, fomos cada um para o seu quarto largar as bagagens e combinamos de nos encontrar no salão onde seria o encontro no dia seguinte, pois teríamos que organizar o salão prevendo as atividades. Encontramos as pessoas com quem havíamos realizado as conversas de *briefing*, fizemos reunião, organizamos tudo e, quando terminamos de arrumar o salão, já estava na hora de receber as pessoas que iriam chegar de viagem direto para um jantar de boas-vindas. Deu tempo de tomar um banho correndo e nos encontramos todos novamente no salão de jantar do hotel, recepcionando o grande grupo. Isso tudo era quinta-feira à noite. No dia seguinte, tomamos café da manhã bem cedo e partimos para as atividades. Recebemos palestrantes externos, fizemos atividades na rua, foi tudo muito bem. Algo, porém, me chamou a atenção: existia um entra e sai intenso. Não era comum tanta gente levantando-se e saindo da sala. Sempre que eu facilito um evento em um hotel, eu gosto de ficar no próprio hotel do evento, isso apoia muito na questão logística. Naquele caso estávamos todos no mesmo hotel. Eu estranhei aquele movimento todo. Não lembro se era final da manhã ou início da tarde de sexta-feira, o fato é que lá pelas tantas, eu precisei ir ao meu quarto. Para a minha sorte, foi quando estava acontecendo uma palestra com um convidado externo. Quando voltei, falei ao meu parceiro de facilitação que eu tinha precisado sair e ele me olhou e disse: – "Agora vou eu." E a correria da turma só aumentava. Até então ninguém tinha desconfiado que todos estavam com o mesmo sintoma. Cada um estava tão ocupado consigo próprio, que não tinham notado o movimento de todos. Chegou um momento em que começou um zum-zum-zum, algumas pessoas começaram a falar que não estavam se sentindo bem. Sem mais detalhes, estávamos todos com infecção intestinal porque a carne servida no jantar de boas-vindas estava estragada e, com todo molho e excesso de temperos, ninguém percebeu. Fizemos uma compra de remédios para distribuição geral, algumas pessoas tinham preferência por outros que não foram adquiridos, e assim fomos nos organizando para, na medida do possível, atender todas as necessidades. Foi uma facilitação inusitada. Algumas pessoas não haviam comido a carne, tinham optado por outro prato, mas era um número reduzido. Para nossa sorte, o ocorrido foi leve e durou bem menos que imaginávamos que duraria, na manhã de sábado já estavam todos praticamente recuperados.

Este é um exemplo de perrengue em facilitação que fugiu por completo de nosso controle e com o qual foi preciso lidar. Tudo serve para o nosso aprendizado. Desde que este fato ocorreu, eu tenho redobrado a atenção com a alimentação antes e durante os eventos. Por mais que se cuide, há situações que fogem por completo da nossa zona de controle e para isso teremos que ter muita presença e acolhimento para lidar com o que emerge.

A INTERVENÇÃO MAIS DURA QUE JÁ FIZ

Programamos uma série de três encontros, sendo cada um com quatro horas de duração. Estabelecemos que os três encontros iriam acontecer em um curto espaço de tempo e, em duas semanas, já estaríamos com todos os encontros concluídos. Era fim de ano, e o grupo desejava reconhecer o que passou, refletir sobre o que estava por vir e planejar iniciativas para o próximo ano diante de tantas mudanças que estavam acontecendo na organização e no setor. Este time contaria com a presença de seu líder e os demais doze integrantes nos dias de facilitação. Estávamos no decorrer do primeiro dia de encontro e eu já estava bastante surpreso com a forma como as pessoas se tratavam. Eram risadas debochadas. As pessoas, colegas de trabalho, davam risadinhas e se cutucavam com sorrisos forçados, não estava legal aquilo. Algumas pessoas faziam isso com maior intensidade que as outras. Poucas pessoas não entravam no jogo, mas não intervinham criticando ou propondo formas de estancar. Havia um jogo velado de desqualificação dos colegas e crítica às opiniões uns dos outros. Às vezes, eu achava que a coisa iria enfeiar e que alguém iria reclamar, mas não, todos haviam comprado essa dinâmica de funcionamento.

Tínhamos realizado uma atividade e os integrantes do time estavam apresentando suas produções coletivas. Chegou um momento que eu levantei a mão, pedi atenção e fiz uma dura intervenção. Não lembro exatamente das palavras que usei, mas lembro que foi forte. Perguntei se eles percebiam o que estava acontecendo. Perguntei se eles percebiam a forma como eles se comunicavam e, mais, a forma como tratavam uns aos outros. Todos me olharam de forma surpresa como se eu estivesse infringindo uma regra. Lembro que alguém perguntou se eu poderia ser mais específico porque eles não estavam fazendo nada que não fizessem no dia a dia. Eu aceitei a pergunta e respondi trazendo tudo que eu percebia sobre a forma agressiva com que as pessoas se tratavam. Algumas pessoas demonstraram estar não só surpresas, mas assustadas, olhos saltados, paralisadas, aguardando que alguém falasse. Era como se eu tivesse tocado em um ponto bastante sensível daquele grupo. Percebi um incômodo generalizado, como quando alguém desafia algo que a princípio não deveria ser desafiado. Usei termos duros e disse que eu percebia deboche, agressividade e falta de respeito mútuos. Conversamos muito a respeito. Abrimos um círculo de conversas significativas e deixamos a tarefa de lado. Naquele momento, o diálogo e as relações do grupo tornaram-se a tarefa principal. Era somente o primeiro dia. Tomei a decisão de fazer aquela intervenção porque ainda teríamos mais dois dias para trabalhar. Ao encerrar este dia de trabalho, algumas pessoas foram embora sem falar comigo, algumas se despediram de forma protocolar e algumas vieram me agradecer.

Tudo significa. Uma questão dessas não se resolve em um círculo, eu sabia que no próximo encontro voltaria. Dito e feito. No início do encontro seguinte, uma pessoa, que não era a liderança do time, pediu para falar. Fui informado que fizeram uma conversa para avaliar se queriam ou não continuar com o processo comigo. Acharam ousado da minha parte fazer a intervenção que fiz e tocar no assunto que toquei. Escolheram seguir em frente comigo, pois entenderam que foi feito o que era necessário. Todos me agradeceram por apoiá-los a quebrar um ciclo. Perceberam o quanto já vinham sustentando um grande desconforto com as atitudes e que ninguém sabia como intervir. Me agradeceram e se emocionaram. Dali em frente, tivemos momentos lindos em que o grupo produziu muito. Ninguém mais debochou dos colegas. Não escutei mais risadinhas – escutei risadas. O assunto não morreu, voltava e voltava sob uma nova ótica. O grupo queria entender como tinham sustentado por tanto tempo aquele jeito de ser que ninguém gostava e que todos perpetuavam, inclusive quem, apesar de não agir daquela forma, não denunciava. Lembro sobre as premissas que carrego comigo quando realizo uma intervenção mais dura junto a um time: ter clareza da intenção; ter segurança em abrir algo que eu acredito que conseguirei sustentar; ter clareza de que haverá tempo para tratar da questão, no dia ou em breve; fazer, o que escolher fazer, com respeito, exemplos concretos e, de preferência, na hora que a questão estiver acontecendo. Este conjunto de cuidados faz com que a intervenção cumpra o papel de apoiar o desenvolvimento do grupo.

O DIA QUE EU NÃO SUSTENTEI E PEDI PARA SAIR

Este é um caso em que eu exemplifico o quão importante é saber quais conversas que podemos abrir e, mesmo assim, corremos o risco de estarmos errado. Talvez eu tenha subestimado o caso e superestimado a minha capacidade. Lembro que naquela época eu tinha concluído uma formação recentemente e estava com uma série de métodos e princípios em mente. Foi um grande aprendizado. Deu tudo errado.

Após ter realizado um trabalho para uma empresa familiar, que foi excelente, eles entraram em contato comigo para apoiar na condução de um conflito na própria família. Tivemos uma conversa e a questão me pareceu suficientemente clara. Acreditei ter condições de abrir a conversa, sustentar e propor formas de convergência. Eu estava totalmente equivocado. Durante nossa primeira reunião, o tom de voz era elevado. Havia muita emoção. Sentimentos, reações e falas impulsivas explodiram no ambiente. O clima era o mais pesado que já presenciei em uma reunião, neste caso, de família.

Havíamos planejado três horas de conversa. Passada a primeira hora, eu não tinha mais a menor condição de continuar. Eu sou facilitador de grupos e preciso compreender meus limites. Tudo que me restava naquele momento era informar que aquele caso, diante do tamanho descontrole emocional por parte das pessoas que estavam participando e da eminente possibilidade de agressão física, não seria resolvido com meu apoio. Eu não estava preparado para mediar aquela situação. Peguei minha mochila e disse que precisávamos encerrar. Levantei-me para ir embora, as pessoas se despediram de mim e, enquanto eu me dirigia para a porta da casa conduzido por uma pessoa da família, escutei os demais integrantes conversarem civilizadamente sobre onde iriam almoçar. Pensei: "Estão combinando almoço? Depois de tudo isso ainda há estômago para almoçarem em família?"

Saí refletindo sobre meus limites. Saí refletindo sobre minha intenção ao aceitar aquele caso. Saí repleto de pensamentos sobre o que um dia eu aprendi no primeiro módulo de um curso de desenvolvimento humano chamado Seminário Insight: eu crio, eu provoco e eu permito.

FACILITAÇÃO SEM PRIVACIDADE

Sempre que facilito um grupo, eu considero o espaço físico um aspecto muito importante. Acredito ser fundamental poder contar com um local onde as pessoas se sintam à vontade, seguras e com privacidade para se expressarem sem medo, sem vergonha e com vontade. Dependendo do tipo de facilitação, sua temática e possíveis desdobramentos, já sabemos se esta questão da privacidade é mais ou menos relevante. Vou apresentar três casos e acredito que ficará evidente o que desejo trazer como ponto de cuidado.

O primeiro caso foi de um grupo de executivos de uma grande organização. Estávamos em aproximadamente dezesseis pessoas, sentados em círculo ao lado de uma lareira, em um belo casarão de estância. Sim, era inverno. Estávamos entre a mesa de jantar e a lareira, em um bom círculo, nutrindo uma conversa profunda e repleta de sentimentos. Cada integrante estava apresentando pinturas que havia acabado de fazer minutos antes, em que mostrava momentos significativos de sua vida. Este espaço onde estávamos era grande, acolhedor, iluminado e servia muito para aquela conversa. Porém, em um certo momento, percebi que o motorista da van que trouxe o grupo caminhou por uma sala anterior a que estávamos e, ao passar pela sala que estávamos, ele gostou de escutar o que estava acontecendo e passou outra vez, e logo em seguida ele passou outra vez, cada vez com passos mais lentos. E o grupo ali, promovendo uma conexão. Percebi que algumas pessoas repararam, porém a conversa já estava no seu momento final. Este fato aconteceu nos minutos finais desta atividade. Houve um consentimento geral em trocas de olhares e assim escolhemos (eu e a pessoa que facilitava comigo) não intervir, certamente se o amigo motorista resolvesse transitar pela sala onde estávamos mais cedo, um pedido de privacidade seria feito.

O segundo caso foi uma facilitação de um time de líderes de uma grande organização, com aproximadamente 30 integrantes de diversos países. A facilitação aconteceu em uma ampla casa muito charmosa na Vila Madalena, em São Paulo, bem pertinho do Beco do Batman. A questão que emergiu naquele encontro foi o fato de o local onde estávamos trabalhando ser um salão único totalmente integrado com a cozinha. Enquanto trabalhávamos, a cozinheira fazia barulho, natural de quem prepara o lanche da manhã, o almoço e o café da tarde para um grupo grande. Após o almoço, a função de lavar a louça. Quando percebemos, as pessoas estavam falando alto e não sabiam o motivo.

Por fim, o terceiro caso foi uma resolução de conflito através de um círculo de paz. Esta conversa envolvia um time de aproximadamente 20 pessoas de uma grande organização. Nos encontramos no salão de um hotel, em uma cidadezinha interiorana, longe das capitais. Fiz esta facilitação em dupla e lembro que tivemos um cuidado muito grande com todos os detalhes para que o grupo se sentisse seguro e não tivéssemos nenhum tipo de interferência externa no ambiente da facilitação. A sala era grande e tinha uma única porta de acesso, de um lado havia janelas para a rua e, do outro, havia janelas para o *hall* do hotel, com muitas cortinas. Chegamos no dia anterior e arrumamos tudo. Nos certificamos que as janelas para o *hall* do hotel estivessem fechadas e cuidamos de todos os demais detalhes. Na manhã seguinte, minutos antes de começarmos, já com as pessoas entrando no salão, fui revisar as janelas que davam para o *hall* do hotel e estavam atrás das cortinas fechadas. Para minha surpresa, as janelas não só estavam abertas como também tinham mesinhas com cadeiras bem próximas a elas. Alguém do hotel limpou o salão pela manhã e abriu as janelas internas que havíamos fechado e solicitado para não abrir. Cuidamos de tudo novamente.

Estes três casos abordam o cuidado muito importante para que pessoas externas ao grupo não acessem o que é do grupo. Por mais que façamos isso e que já esteja internalizado no meu jeito de olhar para os espaços, é muito importante que os participantes também percebam este cuidado para se entregarem nas atividades. Às vezes, o espaço já está contratado e foge de nosso domínio aprovar ou recusar um local, como foi o caso destas três histórias. Destaco que, sabendo da importância de nutrir este cuidado, precisamos lidar com o que temos a partir dos recursos disponíveis.

2 mas afinal, o que é facilitação de grupos?

QUANDO COMECEI A FACILITAR GRUPOS, eu não sabia que não sabia o que era uma facilitação de grupos. Mesmo assim eu estava lá, executando o que havia combinado previamente com os clientes – empresas, organizações, instituições governamentais, entre outros. As primeiras vezes foram mais ou menos, por mais estranho que possa parecer, tinha sentido. Eu não sabia que não sabia e, mesmo assim, fazia sentido. Com o passar do tempo, eu fui me dando conta das implicações disto. Com o passar do tempo, eu passei a refletir sobre a intenção, a necessidade de presença, de preparo, nas tantas oportunidades que esses encontros possibilitavam e, por mais que tudo esteja muito bem planejado, ainda assim, pode ser que na hora sejam necessários ajustes que interferirão em todo o fluxo de atividades e que precisam ser considerados para construir os resultados desejados. Com o tempo, me dei conta que facilitar não é sobre estar preso em uma agenda prévia, e sim, se colocar a serviço do grupo, a partir da intenção definida previamente e que será nutrida, e de um conjunto de combinados prévios que farão sentido para alimentar e sustentar a intenção e que, mesmo assim, tudo pode mudar, ou não.

Começo este entendimento com uma busca sobre o termo facilitação no dicionário.

• Segundo o DICIO – Dicionário Online de Português, facilitação é:
Ação ou efeito de facilitar (descomplicar). Ajuda que, oferecida a outra pessoa, descomplica o desenvolvimento ou a prática de um ato.

• Segundo Oxford Languages, facilitação é:
Auxílio dado para outra pessoa que facilita a execução ou a prática de um ato, inclusive a omissão ou a falta de oposição para impedir a realização de tal ato.

Eu acredito que existe, sim, um entendimento comum em que podemos compreender a facilitação de grupos a partir de: um encontro, em um local específico, com um grupo de pessoas que serão facilitadas, com ao menos uma pessoa facilitadora, a existência de um objetivo claro e um tempo determinado para o encontro.

Existem muitas variáveis e para explicar de forma clara e objetiva o que é uma facilitação, eu vou recorrer a um método utilizado em algumas facilitações que se chama *é – não é / faz – não faz*. Quando estamos em grupo é possível fazer esta atividade de forma que todos os participantes atuem nos quatro quadrantes desta conversa e, assim, uma construção é feita de forma a nutrir a inteligência coletiva. Aqui eu vou trazer o quadro pronto e preenchido, porém é muito provável que você, a partir das suas experiências, ou a partir das suas associações livres, tenha novas ideias e queira preencher o quadro com alguns pensamentos próprios. Fique à vontade.

Antes de apresentar o quadro resumido com *o que é e o que não é, o que faz e o que não faz*, eu vou trazer por escrito cada uma delas para explicá-las melhor.

O QUE É UMA FACILITAÇÃO?

Uma facilitação é um encontro com um objetivo coletivo. Trata-se de uma reunião, ou de uma sessão, na qual um grupo de pessoas vai trabalhar sobre um determinado tema. Este encontro terá um local, uma hora de início, um objetivo e um tempo de duração. Assim também podemos dizer que uma facilitação **é** uma intenção a ser nutrida e sustentada. É muito importante que a pessoa que facilita um encontro esteja atenta para evitar que o grupo se perca em raciocínios e acabe ocupando o tempo que deveria ser para resolver uma questão com outros assuntos. Caso isso aconteça, a pessoa que facilita o grupo pode fazer dois movimentos: um deles é

"

Um encontro, em um local específico, com um grupo de pessoas que serão facilitadas, com ao menos uma pessoa facilitadora, a existência de um objetivo claro e um tempo determinado para o encontro.

trazer a conversa para o rumo desejado; o outro movimento é convidar o grupo a refletir sobre os ganhos que o grupo tem ao evitar a conversa sobre o rumo desejado. Neste segundo caso, a facilitação ganha um caráter de autoconhecimento e investigação sobre o jeito de ser deste grupo, podendo emergir questões relacionadas a medos, resistências e questões subjetivas da natureza do grupo. Vale pensar se esta é a intenção da facilitação, se a pessoa facilitadora está preparada para abrir esta conversa e se esta conversa também não é uma forma de evitar a intenção a ser nutrida.

Perceba que, quando facilitamos um grupo, podemos intervir e conduzir a conversa de diversas formas. Cabe ter presença e saber avaliar o que é mais apropriado ao grupo alinhado com o que foi contratado. Às vezes o pedido é a resolução de uma atividade. Às vezes é a investigação e a descoberta das dinâmicas de funcionamento do grupo e estas são questões bem distintas. Por isso, digo novamente que uma facilitação é um encontro com um objetivo coletivo e com uma intenção a ser nutrida e sustentada.

Podemos dizer que uma facilitação é um encontro vivo, ou seja, é um encontro que apesar de existir uma agenda prévia, muito do que vai emergir no encontro se dará a partir das interações entre os participantes. Existe um pressuposto em uma facilitação de grupos que é a participação dos membros do grupo que está sendo facilitado. Diferente de uma aula, em que um professor apresenta um conteúdo, ou de uma consultoria em que um consultor apresenta e propõe um caminho, na facilitação trabalhamos com o que chamamos de Caminho da Descoberta, ou seja, os participantes vão se dando conta de algumas questões durante o processo. Este caminho da descoberta precisa estar alinhado com os objetivos do encontro. A pessoa que facilita o encontro deve ter uma habilidade para construir perguntas e proporcionar interações entre os participantes. O encontro é vivo. Cada grupo de participantes tem seus diferentes ritmos, tem suas diferentes angústias, tem seus diferentes medos, tem seus diferentes níveis de maturidade e tudo isso proporciona uma dinâmica única de funcionamento para cada grupo de trabalho.

Finalizo esta parte dizendo que uma facilitação é um encontro conduzido por uma pessoa que facilita o encontro (pode ser conduzido por uma dupla, trio ou grupo). Não há facilitação sem uma pessoa específica facilitando. Quando não existe a figura da pessoa que está facilitando o encontro, trata-se de um trabalho em grupo no qual cada integrante assume um papel e juntos tentam resolver algo (uma tarefa). Até pode ser que todos estejam se facilitando, porém quando todos se facilitam e todos atuam em suas próprias questões que estão facilitando, deixamos de ter uma facilitação e passamos a ter uma atividade sendo realizada por um grupo de trabalho. A figura da pessoa que facilita o encontro é fundamental para caracterizar uma facilitação, na qual os participantes possam se dedicar ao trabalho, a partir de um caminho que será oferecido por alguém com isenção e que não está trabalhando na questão.

O QUE NÃO É UMA FACILITAÇÃO?

Uma facilitação não é uma reunião de mentoria. A mentoria é um processo com técnicas específicas e que acontece entre uma pessoa mentora e uma outra pessoa mentorada. Pode se fazer uma facilitação cujo tema central seja a mentoria, mas isso é outra coisa.

Uma facilitação não é uma consultoria. Lembre que em uma consultoria é esperado que a pessoa que dá a consultoria traga caminhos (e muitas vezes os implemente) que ela recomenda (ou aconselha) que sejam seguidos. Nada impede que uma determinada consultoria atue em conjunto com uma pessoa que venha facilitar um processo e que exista, dentro da consultoria, momentos de facilitação. Eu próprio já tive a oportunidade de atuar com consultorias promovendo facilitações cujo resultado serve de base, de informação, de conteúdo, até mesmo de preparo e de *teambuilding* (desenvolvimento de time) para a atuação do grupo com a consultoria. Também pode acontecer de uma pessoa, que está prestando uma consultoria para uma organização, fazer um encontro e ela própria, a partir de seu conhecimento e sua técnica, facilitar um processo junto a um grupo. O que é importante compreendermos é que uma facilitação não é uma consultoria e uma consultoria pode, sim, utilizar técnicas de facilitação para desenvolver seu projeto.

Uma facilitação também não é uma coordenação de grupo. Uma coordenação de grupo é um processo investigativo, conduzido por um coordenador de grupo com formação em Dinâmica de Grupos, que possui certificação para conduzir uma coordenação. Perceba que eu apresento aqui coordenação de grupos como um nome técnico para um tipo de processo de autoconhecimento e desenvolvimento para grupos de trabalho. Existem trabalhos desenvolvidos por facilitadores de grupo que proporcionam desenvolvimento humano, autoconhecimento e desenvolvimento de grupos. Porém, coordenação de grupos não é algo que se restringe a um, dois ou três encontros. Uma coordenação de grupos é um processo de desenvolvimento de grupos de trabalho com base psicanalítica de longa duração.

Por fim, uma facilitação não é uma aula. Até pode ser que uma pessoa facilitadora de grupos conduza uma aula e pode ser que um professor ou uma professora conduza uma facilitação de grupos ou até mesmo uma aula facilitada. Lembre dos pressupostos de uma facilitação que eu já mencionei antes. Existem técnicas para facilitar um processo de aprendizagem que já são bastante utilizadas em escolas e universidades, quando isto acontece, estamos diante de uma aula facilitada. Nas empresas também existem trilhas de aprendizagem, com momentos de aula e momentos de facilitação. Ambos os momentos podem ser conduzidos por um mesmo profissional apto a distinguir cada momento e a promover o conhecimento a partir destas duas possibilidades. Eu faço questão de destacar as diferenças quando falamos de facilitação de grupos e de uma aula tradicional, ou seja, uma aula clássica com seu processo de aprendizagem na qual existe a figura de um professor ou de uma professora que traz um conteúdo remoto ou presencial. Isto, definitivamente, não é uma facilitação de grupos e está tudo bem.

Cada vez mais, professores buscam técnicas de facilitação e a compreensão sobre o que é e como se conduz uma facilitação, a fim de proporcionar novos recursos de aprendizagem para seus alunos, promovendo caminhos de descobertas e a inteligência coletiva dos membros do grupo em questão. Da mesma forma, é muito importante que pessoas com a intenção de se desenvolverem como facilitadores conheçam, estudem e vivenciem técnicas de pedagogia e andragogia (aprendizado de adultos), para compreenderem os processos e ampliarem sua base técnica. No meu caso, eu participei como aluno de um *workshop* sobre Pedagogia da Cooperação e me debrucei muito sobre o livro referencial *Pedagogia da Cooperação – por um mundo em que todas as pessoas possam VenSer*, escrito por Fábio Brotto com um grupo de coautorias e publicado pela Bambual Editora.

A principal caraterística diferenciadora de uma facilitação, quando comparada a uma aula, é o seu procedimento. A facilitação do processo de aprendizagem vai navegar por caminhos que estimulam a descoberta, que proporcionam vivências, que estimulam as construções a partir da inteligência coletiva. Já a aula trará um conteúdo e a partir dele serão desenvolvidos exercícios e atividades, alguns mais lúdicos e outros não. É muito importante destacar que não existe um jeito melhor ou pior. Eu digo que há momentos em que um caminho é mais adequado e há momentos em que outro caminho é mais adequado. Leva-se em consideração o tempo disponível, o grau de envolvimento e maturidade do grupo com a questão a ser trabalhada e, definitivamente, há momentos em que uma boa aula com transmissão de conteúdo é tudo que o grupo mais precisa. Repito: as aulas (em seu sentido mais clássico) são fundamentais para determinados momentos em que é muito importante que o grupo receba, por exemplo, determinadas instruções e conhecimentos técnicos. A habilidade em saber usar e escolher o procedimento mais adequado, como fazer e o que fazer são um diferencial de professores e facilitadores em seus caminhos de desenvolvimento técnico, pedagógico, sutil e comportamental.

Passamos agora para a investigação *do que a facilitação faz e o que a facilitação não faz*. Vamos iniciar pelo que faz.

O QUE FAZER EM UMA FACILITAÇÃO?

Na facilitação vamos promover o aprendizado coletivo, nutrindo diálogos, incentivando diferentes formas de interação, fazendo perguntas e potencializando a inteligência coletiva do grupo. Tudo isso se *faz* em uma facilitação e por aí já dá para refletir sobre os momentos oportunos para que ela seja realizada.

Um encontro de facilitação de grupos tem como pressuposto, antes de querer ensinar algo, estimular e dar vazão ao que o grupo já sabe. Muitos grupos são dotados de um fantástico conhecimento não revelado. Este conhecimento não revelado é uma potência adormecida que muitas vezes acaba impedindo os grupos de se desenvolverem com autonomia, criando o hábito de aprenderem o que já sabem – mas não sabem que sabem –, e valorizarem quem vem de fora para ensinar algo. Assim, deixam de investigar se este conhecimento já está presente entre seus próprios integrantes. Quando o grupo nutre diálogos, colaboração e estimula a sua inteligência coletiva, passa a reconhecer sua própria potência, se fortalece e caminha unido rumo a novos níveis de maturidade, prota-

"

Quando o grupo nutre diálogos, colaboração e estimula a sua inteligência coletiva, passa a reconhecer sua própria potência, se fortalece e caminha unido rumo a novos níveis de maturidade, protagonismo, independência e produtividade.

gonismo, independência e produtividade. É na facilitação de grupos que oportunizamos e estimulamos estes movimentos.

Na facilitação investigamos padrões e normas vigentes, fazemos acordos e alinhamentos. Exploramos temáticas que precisam ser ajustadas entre os membros do grupo, promovemos diferentes pontos de vista, sustentamos conversas difíceis e convergimos, chegando a conclusões que atendam a necessidade do grupo.

Na facilitação promovemos trilhas de aprendizagem sobre temas relevantes, entendimentos e reflexões sobre questões comportamentais ou técnicas que sejam pertinentes ao grupo. Trabalhamos valores de uma organização, promovendo sua cultura e perpetuando comportamentos e práticas pertinentes.

Muitas vezes realizamos facilitações com a intenção de gerar ideias e transformá-las em iniciativas estruturadas para projetos. Frequentemente, antes de chegar nas iniciativas, é necessário promover momentos em que o grupo possa investigar e refletir sobre determinadas temáticas. Eu já facilitei muitos momentos de reflexões estratégicas para o desenvolvimento de Planejamento Estratégico.

Eu costumo dizer que, na facilitação, nós fazemos atividades e que, a partir delas, emerge a dinâmica de funcionamento do grupo. O grupo não costuma ter consciência de seu sistema de funcionamento e, por este motivo, quando um profissional de facilitação promove uma atividade que permite o grupo se perceber e reconhecer, identificando seu próprio jeito de ser e de se relacionar, fica mais fácil olhar de frente para as possíveis melhorias e os possíveis comportamentos que podem ser trabalhados.

Existem atividades que podem ser verdadeiras trilhas de desenvolvimento de iniciativas ou melhorias. Eu já tive a oportunidade de facilitar muitos times de TI utilizando um método de facilitação que dura em média 4 ou 5 dias e que é composto por diversas etapas. Este método tem como principal entrega identificar possibilidades de melhorias em um sistema e planejar os recursos necessários para o desenvolvimento delas, além de criar uma lista de prioridades. Este exemplo de facilitação se chama Direto ao Ponto, também conhecido como *Lean Inception: How to align people and build the right product*. Tanto o método quanto o livro homônimo são de autoria de Paulo Caroli.

Como identificamos até agora, em uma facilitação, se faz muita coisa. Existem diferentes tipos de facilitação com diferentes finalidades. Mais adiante, teremos um capítulo dedicado a explorar os tipos de facilitação.

O QUE NÃO FAZER EM UMA FACILITAÇÃO?

Este talvez seja um belo desafio, pois a facilitação abrange tantas possibilidades que é preciso refletir com bastante cuidado sobre o que ela *não faz*. Afinal de contas, o que não se faz em uma facilitação de grupos? Eu diria que não há o que não se faça, mas há o que pode ser evitado. Gostaria que você compreendesse que, mesmo que eu traga uma lista de atividades que é bom evitar em uma facilitação, talvez exista um momento em que seja adequado fazer o que eu disse que não se deve fazer... e está tudo bem (espero que para você também).

Vou começar dizendo que não se faz terapia em grupo em uma facilitação. O processo por si, muitas vezes, é terapêutico. Existe uma grande diferença em ter uma facilitação que proporciona reflexões, *insights* e um "dar-se conta", com efeito terapêutico, do que oferecermos terapia quando não se é terapeuta. É este o ponto que quero trazer para que possamos nutrir um campo ético, com respeito e limites estruturantes bem definidos para quem facilita e para quem é facilitado. Assim, eu repito, em facilitação de grupos não se faz terapia individual ou coletiva. Podem emergir questões em uma facilitação em que algum participante

"

É muito importante que quem facilita um grupo saiba seus próprios limites, o limite de sua atuação, o limite de seu contrato, o limite do que será aberto e sustentado, em respeito aos indivíduos, ao grupo e a si próprio.

sinta vontade de levar a questão para a sua sessão de análise, e isto é muito recomendado. Inclusive, pode ser que a pessoa leve para a sua terapia em grupo, com um psicoterapeuta qualificado para exercer esta atividade. É muito importante que quem facilita um grupo saiba seus próprios limites, o limite de sua atuação, o limite de seu contrato, o limite do que será aberto e sustentado, em respeito aos indivíduos, ao grupo e a si próprio. Assim como também é fundamental que a pessoa que facilita consiga perceber os limites de quem é facilitado. Todos nós temos limites e reconhecê-los é um ato de cuidado e respeito consigo e com os outros. Você lembra da história que eu contei no final do capítulo anterior sobre o dia que não sustentei e pedi para sair? Pois então, é exatamente sobre a importância de reconhecer os limites e cuidar de si e do grupo.

Em facilitação de grupos não se expõe os integrantes. Jamais devemos utilizar uma facilitação para expor alguém em situações constrangedoras ou que possam ser traumáticas. Cabe à pessoa que vai facilitar um processo avaliar previamente os possíveis desdobramentos de sua intervenção, o grau de maturidade da turma, as características gerais do grupo e, a partir daí, fazer escolhas conscientes para cuidar e assegurar que fez sua parte para garantir a integridade dos participantes. Em uma facilitação de grupos não se deve expor um integrante. Isto é muito sério e requer muita atenção.

É recomendado evitar levar soluções prontas ou interferir na construção de um time. Em uma facilitação, o papel fundamental da pessoa que facilita é incentivar, permitir, provocar, para que os participantes encontrem as melhores soluções para suas questões. Podem fazer parte de uma facilitação, visitas técnicas, palestras, vídeos, leituras, discursos de diretores, rodas de conversas com clientes, pesquisas, e muitas formas de aquisição de conhecimento, porém quando o time estiver gerando suas ideias e seus *insights*, a partir de tudo que lhe foi oferecido, esta construção é do time. Também é um ato de respeito permitir que o time vá até onde ele consegue ir, sem a interferência de quem está facilitando. Existem casos específicos em que a pessoa que facilita também poderá emitir opinião, ou até mesmo trazer ideias e participar da construção, mas vale destacar que isto não é o mais usual e que, quando isto for acontecer, há necessidade de fazer acordos prévios. Outro ponto que não é para confundir: durante uma atividade, quando o grupo solicita um auxílio para compreender melhor uma ou outra questão, não é para dar respostas, é somente para auxiliar o entendimento da questão.

Em uma facilitação de grupos é importante ter cuidado para não servir de porta voz de um líder, de uma área ou da própria empresa. Não assumir o papel de dar recados que "alguém" não consegue dizer para o grupo. Muito cuidado para que, ao facilitar um grupo, a pessoa que facilita não seja induzida a dar um recado que deveria ser dado por outra pessoa e não foi, por falta de alguma questão – falta de coragem, habilidade, jeito, conhecimento, simpatia... Facilitação não é lugar para dar recados. Neste caso, o que pode ser feito são acordos, revisão de normas e procedimentos a partir de algo que já foi falado por uma figura de autoridade ou por um representante formal da organização.

Por fim, destaco que em facilitação *não se faz* dinâmica de grupo. Por mais que seja usual perguntar se um facilitador vai fazer esta "dinaminha" ou aquela "dinamicazinha", em facilitação nós *não fazemos* dinâmica. O que se faz são atividades e é a partir da vivência de uma atividade que emerge a dinâmica, ou seja, o sistema de funcionamento do grupo em questão. Este entendimento é muito importante para falarmos corretamente e empregarmos as palavras adequadas nesta área.

RESUMINDO

Neste capítulo identificamos o que a facilitação de grupos *é* e *o que não é, o que se faz* e *o que não se faz*. A facilitação apoia na identificação e perpetuação de entendimentos, cultura e comportamentos. A facilitação é um encontro em que uma pessoa facilita outras pessoas a percorrerem um processo, para assim chegarem a um resultado.

Apresento um quadro com o resumo deste capítulo. Proponho que, antes de você seguir com a leitura, leia este quadro e pense se gostaria de acrescentar algo a ele, em algum dos quadrantes. Estamos construindo o conhecimento sobre esta temática e trazendo visões em formação. Eu ofereço o meu ponto de vista e, em alguns casos, ele pode ser diferente do seu. Incentivo as oportunidades de reflexão. A visão que tenho sobre este tema tem base em estudos e práticas que faço há mais de 10 anos, mas sinto que ainda tenho o que aprender. Vou adorar saber se você discordar de algum ponto que abordo neste livro. Fique à vontade para me escrever pelo e-mail cheffe.eduardo@gmail.com

Após esta leitura, com todas as reflexões que podem ter emergido sobre este capítulo, quero trazer um olhar de complementariedade, simultaneidade e interconexão entre alguns elementos. É muito comum que, quando facilitamos o desenvolvimento de uma atividade junto a um grupo de trabalho, ao chegarmos no final, o grupo apresente outros ganhos que vão muito além do que planejamos.

Eu abordo esta questão porque, ao facilitar um grupo, existem rituais, cuidado com os tempos de fala, uma série de procedimentos que acolhem os participantes, que proporcionam abertura, segurança, interações e aí, quando nos damos conta, o grupo não só está produzindo como também colaborando. Atuamos diretamente na qualidade das interações e isto reflete na produtividade do grupo.

Abrir, sustentar, nutrir e convergir é uma arte que pode ser aplicada em diversas atividades de uma organização. Não é de um dia para o outro que nos tornamos facilitadores de grupos. Este tornar-se é um constante desenvolvimento.

QUADRO É, NÃO É / FAZ, NÃO FAZ

É

- Encontro com um objetivo coletivo
- Encontro vivo
- Intenção a ser nutrida e sustentada
- Encontro conduzido por um facilitador

NÃO É

- Mentoria
- Consultoria
- Coordenação de Grupo
- Aula

FAZ

- Promove o aprendizado coletivo
- Potencializa a inteligência coletiva
- Alinhamento e Convergência
- Proporciona reflexões
- Proporciona realizações coletivas
- Geração de novas ideias e iniciativas
- Proporciona o desenvolvimento pessoal, profissional, coletivo, organizacional

NÃO FAZ

- Levar soluções prontas
- Terapia de Grupo
- Expor um integrante
- Dar recados em nome de outros
- Dinâmicas ou dinamiquinhas

ESTRUTURA

Ainda neste capítulo, eu desejo proporcionar uma visão estruturada sobre o processo de uma facilitação de grupos de forma que você consiga formar uma imagem mais clara dos diversos momentos que acontecem desde o pedido até o final de uma facilitação.

Vou exemplificar com um caso hipotético com a intenção de facilitar o seu entendimento sobre as etapas deste processo:

1º) Contato Inicial: Um profissional da área de RH faz contato para conversar sobre a oportunidade de uma facilitação com um grupo de líderes da sua organização;

2º) Reunião de *Briefing*: Acontece uma reunião on-line de *briefing* para o entendimento da necessidade. Esta reunião é muito importante para compreensão do escopo da facilitação. É neste momento que a pessoa que facilita faz perguntas de esclarecimento que apoiam o seu cliente a refletir sobre a sua real necessidade. Já me aconteceu de eu estar conversando com um cliente sobre um dia de facilitação e, durante a nossa conversa, identificarmos que seria adequado ter um turno com os líderes da organização para depois ter o encontro inicialmente pensado;

3º) Elaboração da Proposta: Com base em todas as questões levantadas na reunião de *briefing*, o próximo passo é elaborar uma proposta de trabalho. Esta proposta de trabalho traz um olhar macro sobre como o assunto será encaminhado;

4º) Reunião de Apresentação da Proposta: Neste momento será apresentada a proposta de trabalho. Em alguns casos é apresentado um olhar macro sobre o caminho que será adotado para resolver a necessidade apresentada pelo cliente. Em outros casos, se vai além, e já se apresenta a proposta completa incluindo um cronograma detalhado de atividades. Normalmente, esta segunda opção acontece em casos em que o tempo entre o pedido e a necessidade de realização do encontro são curtos.

Na grande maioria das vezes, eu faço a proposta de trabalho contemplando o escopo geral (macro) e valor. Neste caso que estou simulando aqui, o cliente aprovou a proposta de trabalho e fomos para a próxima etapa.

5º) Elaboração do Arco do Encontro: A partir da aprovação do escopo geral e do valor, eu parto para a segunda parte que é a elaboração de uma agenda contemplando um cronograma detalhado de atividades do início ao fim do encontro. Esta agenda do encontro também é chamada de Arco do Encontro. Este nome se refere ao desenho do fluxo de interações e atividades do encontro que acaba ganhando um formato de arco. No início é preciso decolar. Lá pelo meio do encontro, estamos vivendo o seu ápice que será sustentado por um certo tempo. Mais para o final, começamos a descer e fazer os encaminhamentos para o encerramento.

6º) Reunião de Aprovação do Arco: Neste momento, o cliente fica sabendo tudo que vai acontecer no encontro. É nesta reunião que apresentamos o detalhamento dos conteúdos que serão abordados, todo fluxo de atividades e os momentos de interações entre os participantes. É o momento em que também são apresentadas as necessidades de equipamentos (áudio e vídeo), estrutura de sala (mesas, cadeiras, área externa...) e materiais necessários (folhas de flipchart e cavalete, folhas A3, tintas, pincéis...) para o dia do encontro.

7º) O Encontro: Aprovado o Arco, é chegado o tão aguardado momento de vivenciarmos a arte do encontro.

Vou encerrar por aqui o detalhamento das etapas. Acredito que desta forma já é possível ter uma ideia mais concreta das fases deste processo e do que está envolvido em uma facilitação. Neste caso hipotético que descrevi acima, a proposta e o arco foram aprovados nas suas respectivas reuniões. Há casos em que o cliente não aprova a proposta e ela precisa ser ajustada, seja por questão financeira ou seja por questão de escopo. Normalmente quando a proposta é aprovada, a quantidade de informações já é tão grande que quando chegamos na reunião para aprovar o arco, esta aprovação se dá com muita naturalidade e fluidez.

3 muito prazer, eu sou um facilitador de grupos

CONHEÇA A MINHA HISTÓRIA NA FACILITAÇÃO E COMO EU ME TORNEI FACILITADOR

Neste capítulo, quero apresentar os caminhos que percorri e como me tornei um facilitador de grupos. Este é um capítulo autobiográfico em que convido você a conhecer minha trilha de desenvolvimento e, ao mesmo tempo, refletir sobre quais destes caminhos que escolhi podem fazer sentido para sua própria trilha de desenvolvimento. Pense em você e nos passos que podem nutrir o seu jeito de facilitar.

Eu não me tornei facilitador de grupos de um dia para o outro. Por sinal, não foi de um ano para outro. Tornar-se é um processo a ser acolhido. Sim, teve um belo dia que eu comecei a facilitar. A questão que percebo hoje é a diferença entre facilitar um grupo e efetivamente tornar-se um facilitador de grupos. Estou me referindo à importância de nutrir com consciência a intenção de ser quem você quer ser. Um dia de atuação é uma coisa. Uma intervenção como facilitador é um momento. Tornar esta atividade a minha profissão, exigiu investimento de tempo, esforço para aprender, dedicação, abertura e uma intencionalidade muito grande. Quanto você nutre a intenção de fazer o que você faz? Minha jornada contempla muitos cursos, livros, conversas, facilitações de grupos, formações e, acima de tudo, desenvolvimento de estofo interno para lidar comigo próprio e com os outros.

Pense nestas questões:

Quem eu me torno diante dos outros que às vezes são e às vezes não são quem eu imaginava que fossem, muito menos quem eu gostaria que fossem?

Posso falar aqui de clientes, fornecedores, parceiros de trabalho e de tantas pessoas que influenciam, se atravessam, interferem, apoiam, colaboram, nutrem e, seja da forma que for, interagem comigo nos mais diversos contextos da atividade profissional.

Como eu lido comigo próprio diante destes outros?

Penso que, em situações de tensão, divergências e crises relacionais no âmbito do trabalho, é muito comum pensar em como lidar com os outros. Ofereço aqui uma provocação sobre como podemos lidar com nós próprios diante dos outros. Eu tenho reações extremas? Me torno sínico? Sou debochado? Agressivo? Eu consigo escolher quem eu desejo me tornar e, ao invés de simplesmente reagir, ter atitudes conscientes?

Como eu lido com os outros diante deste que em mim emerge?

Quanto eu me conheço e já me desenvolvi a ponto de sustentar interações maduras, conduzindo processos dos outros e entre os outros, quiçá, comigo junto? Será que este que em mim emerge está preparado para abrir determinadas conversas em um grupo de trabalho?

Estas são questões fundamentais – e existenciais – a serem analisadas em processos em que as relações humanas são o fator determinante num contexto de cocriação e estímulo a inovação. Durante uma facilitação, é comum um participante ter uma ideia a partir da fala de um colega. Pode ser que esta ideia seja bem recebida e pode ser que não. É normal promovermos momentos de construções coletivas em que os participantes terão a oportunidade de validar as ideias dos outros, desconstruir as ideias dos outros e até mesmo reformular a partir das ideias uns dos outros. Nestes contextos de construções coletivas, lidamos com divergências e convergências de ideias em grupos com integrantes que podem ter visões opostas sobre os mesmos assuntos. O papel do facilitador é facilitar e não atrapalhar as interações. Podem emergir pensamentos e visões de mundos divergentes, de exploração da inteligência coletiva e da dinâmica de funcionamento de uma facilitação de grupos, a partir do papel e da posição de um facilitador – não de um atrapalhador.

Considerando que a prerrogativa de uma facilitação é o fato dela ser viva e composta por membros de um grupo, lembro o quanto os outros (todos os outros) são incontroláveis e o quanto a consciência dos incontroláveis me apoia a fim de não querer investir tempo e energia (esforço) ao controlar o que está fora da minha zona de controle. Não é papel de um facilitador de grupos querer controlar os outros. O que podemos fazer e que está alinhado a nossa atividade, é promover perguntas, abrir, sustentar e nutrir conversas que importam, promover atividades, inspirar, apresentar conteúdos, mediar e facilitar as interações potencializando a inteligência coletiva e cuidando das relações.

A MINHA TRAJETÓRIA

Muito prazer, eu sou o Eduardo Cheffe, sou pai, sou marido, sou irmão, sou filho. Escrevo este livro em 2024/25, tenho 51 anos. Moro em Porto Alegre, cidade onde nasci e cresci. Minha formação é em Publicidade e Propaganda pela UNISINOS. Lá por 1993, eu atuei como estagiário de publicidade na Método Comunicação e na Zero 512 filmes. Fui contratado como publicitário pela Martins e Andrade, pela Dez Propaganda e pela DCS Comunicações. Sempre atuei como gestor de contas ou atendimento publicitário. Em 2000, eu fundei a Integrada Comunicação Total em sociedade com o amigo e publicitário Fernando Silveira, e permanecemos sócios até o final de 2012. Logo em seguida, assumi a Direção Geral do Velopark, o maior parque automobilístico da América Latina, e depois fui atuar como Gerente Corporativo de Comunicação e Marketing na Opus Promoções.

Toda esta trajetória me apoiou muito a ser o facilitador de grupos que sou hoje. É deste lugar que venho. Foi neste lugar que, por muitos anos, me relacionei com clientes e tive a feliz possibilidade de transitar nos mais diversos tamanhos, formatos e segmentos de negócios, com os mais diversos perfis de lideranças e equipes, e eu valorizo muito tudo isso. Fui estagiário, fui contratado, fui demitido, fui empresário de comunicação, contratei, demiti, fiz amizades, tive meus perrengues, viajei por todo Brasil, fui a eventos, realizei e promovi eventos, fiz muitas coisas das quais me orgulho como publicitário e muitas vezes meti os pés pelas mãos. Tive lideranças que me inspiram até hoje. Tive e tenho colegas com quem aprendi e sigo aprendendo muito.

Sou facilitador de grupos desde 2014. Entre cursos, estudos e formações que fiz de 2014 para cá, eu destaco: o Dragon Dreaming, através do Instituto Arca Verde; a Sociocracia, pela Thrive-in Collaboration; a Pedagogia da Cooperação, promovido pelo Projeto Cooperação; a Formação de Comunidades Holísticas, na Escola Schumacher Brasil; Problemas Complexos, pela Hyper Island; Management 3.0 e Professional Team Facilitator, certificado pelo Agile Institute Brazil.

Tenho a Formação Germinar, realizada em 2019, em Porto Alegre. Esta formação me proporcionou um olhar extenso e profundo sobre princípios, conceitos e métodos com base na Antroposofia, cujo maior nome é seu principal teórico, Rudolf Steiner. O Germinar é uma formação baseada no Processo Decisório que olha para o ser humano enquanto um ser sociável, um ser que se relaciona e cujas interações têm um valor muito grande. É nas interações que nos desenvolvemos. Eu trago comigo muitos aprendizados do Germinar e um gosto muito grande pela Antroposofia e suas tantas teorias como a Trimembração Humana, A Quadrimembração Organizacional e a Biografia Humana.

Também sou Coordenador de Grupos com Formação na Sociedade Brasileira de Dinâmica de Grupos – SBDG. Fiz esta formação em um período em que a formação durava 23 meses. Eu a concluí em novembro de 2015. Ela me apoia muito a ser o facilitador que sou. Foi, sem dúvida, um marco importantíssimo em meu desenvolvimento, reverberando de dentro para fora na minha vida pessoal e, consequentemente, em meu trabalho.

Em 2014, eu tive a oportunidade de participar de um encontro em Porto Alegre chamado Art of Hosting. Trata-se de um encontro organizado por um grupo de anfitriões (normalmente em torno de 5 ou 6 pessoas) com uma temática central e, ao longo de 3 dias, são realizadas conversas estruturadas a partir de métodos e princípios que possibilitam explorar as conversas sob diferentes perspectivas. Conheci, no Art of Hosting, muitas pessoas com ideias diferentes das minhas, conheci expressões novas, expandi meu mundo de forma absurda como se estivesse saindo de uma zona de conforto muito grande que chamo de bolha confirmatória. Sair da bolha confirmatória era como sair de um lugar onde eu já sei o que os outros vão dizer e os outros já sabem o que vou dizer ou como vou reagir. Sair da bolha confirmatória é se aventurar em grupos, lugares, experiências novas. Mais a frente, ainda neste capítulo, voltarei a falar mais sobre o Art of Hosting. Se o Art of Hosting foi um marco em termos de furar as bolhas confirmatórias, a Formação SBDG foi um marco em olhar para dentro e começar uma jornada absolutamente distinta de tudo que eu já tinha feito, que se deu principalmente em função das minhas próprias mudanças. Até então, eu havia furado a bolha confirmatória, composta por todos que estavam ao meu redor, e ao fazer a SBDG, eu percebi o quanto eu próprio era a minha bolha confirmatória. Assim, aprendi a me observar e a ler grupos e movimentos grupais. Aprendi a identificar a dinâmica de funcionamento dos grupos com os quais trabalho, estando consciente de quem sou nesta posição. Aprendi a fazer intervenções. Aprendi a fazer manejo de grupo. Aprendi muito sobre campo grupal, processos grupais e sobre mim mesmo. Este conhecimento está comigo, sigo estudando, e é impossível estar em um projeto junto a grupos e não fazer leituras e análises.

Minha formação mais recente foi no ano de 2024, no Programa de Formação e Certificação de Conselheiros da Board Academy. Esta formação me proporcionou ampliar meu potencial de apoio às organizações através da atuação em colegiados e Conselhos Consultivos sob a perspectiva das melhores práticas da Governança Corporativa. Eu me percebo como um conselheiro generalista com foco em Pessoas, Cultura,

Comunicação Organizacional, Processo de Mudança e apoio para a Tomada de Decisões. O fato de eu ter experiência de 16 anos como líder e ter atuado em diversos segmentos e diversos cenários, além da minha atuação como facilitador de grupos, me proporciona conectar conhecimentos, provocar novas perguntas e facilitar diálogos estratégicos. Os conhecimentos de Governança são um novo estágio que, associado aos conhecimentos de Grupos que já tenho, me proporcionam mais robustez em todos os grupos de trabalho com os quais interajo.

Deixo aqui algumas provocações para que você possa refletir sobre os seus caminhos de desenvolvimento na Facilitação de Grupos. Você já fez alguma das formações que mencionei acima? Como você desenvolve a sua habilidade de promover diálogos? Como você se percebe quando está em um grupo e precisa liderar conversas a fim de atingir uma meta estabelecida? Sinta-se à vontade para buscar informações e ampliar o seu repertório explorando estes cursos, grupos e formações que mencionei acima. Eles fizeram parte da minha formação apoiando muito com conceitos e oportunizando experiências. A minha intenção em mencionar tudo aqui é justamente proporcionar que você possa conhecer e se inspirar para explorar algum destes caminhos.

O INÍCIO

Lá no início, eu tive muita dificuldade de compreender o meu papel, o que eu deveria e não deveria fazer naquele primeiro encontro em que participei como assistente de facilitação. O ano era 2014. O encontro aconteceu em São Paulo e devia ter aproximadamente 50 pessoas. O cliente era uma grande indústria do setor de energia e eu estava com uma facilitadora de grupos experiente, por quem tenho muita admiração.

Por mais que a gente converse sobre facilitação, por mais que a gente planeje os momentos, os conteúdos e as possibilidades de interações, o fato de o encontro ser vivo e de tudo estar em um campo muito sutil, digo e repito, para mim, o início foi muito difícil. Mas ao mesmo tempo, eu sentia que era ali que eu deveria estar, era aquilo que eu queria aprender, era aquela interação que eu desejava ter com grupos de trabalho, a fim de apoiá-los estimulando perguntas e reflexões, promovendo um verdadeiro dar-se conta de suas necessidades e potenciais, assim, gerando iniciativas possíveis e desejáveis.

Acredito que toda dificuldade que eu tive em viver minha primeira facilitação estava muito associada aos contextos organizacionais, estruturados em modelos cartesianos de comando e controle, com os quais eu estava acostumado e que até então eram o meu grande referencial. Por muito tempo, eu próprio perpetuei modelos que eu condenava. Por muito tempo, eu próprio perpetuei atitudes, pensamentos e até mesmo modelos de gestão que já não faziam mais sentido, mas dar-se conta disso é um grande desafio. Ter vivenciado aquela dificuldade na primeira facilitação me possibilita, até hoje, a pensar no quanto algumas práticas e alguns contextos podem ser difíceis para certas pessoas e certos grupos quando consideramos suas realidades, seus níveis de maturidade e seus respectivos ambientes. É neste momento que eu exerço a empatia e acolho cada grupo dentro de sua realidade e de seus limites estruturantes. E é a partir desta consciência que começamos a nos movimentar.

Antes de participar daquele encontro, eu recém havia participado de um *Art of Hosting* em Porto Alegre (RS), sobre Sustentabilidade, e um *Art of Hosting* em Aracajú (SE), sobre Liderança Colaborativa. Como já mencionei antes, ter participado destes dois encontros me proporcionou muitas reflexões. Passei a desejar levar todos estes conceitos e aprendizados para o ambiente organizacional. Posso dizer que o *Art of Hosting* foi o meu primeiro estímulo a querer me tornar um facilitador de grupos. *Art of Hosting* é um tipo de encontro que normalmente tem início em uma quinta-feira e término em um domingo, em que existe uma temática, um grupo de anfitriões que conduzem conversas estruturadas e um

"

Por muito tempo, eu próprio perpetuei modelos que eu condenava. Por muito tempo, eu próprio perpetuei atitudes, pensamentos e até mesmo modelos de gestão que já não faziam mais sentido, mas dar-se conta disso é um grande desafio.

grupo de pessoas que exploram estas conversas participando de forma ativa. Existem comunidades de *Art of Hosting* espalhadas pelo mundo. O *Art of Hosting* acontece a partir de princípios, práticas e métodos que estimulam a inteligência coletiva e a colaboração de todos durante todo encontro. Foi participando do meu primeiro *Art of Hosting* que eu tive a oportunidade de conhecer métodos, princípios e práticas que estimulam diálogos em que todas as pessoas participam e que fizeram todo sentido para mim. Aprendi sobre o poder acolhedor do Círculo, aprendi sobre a dança das conversas no World Café, aprendi sobre a potência dos diálogos transformadores no Pró-Action Café, aprendi o que é e como se faz um método chamado Aquário, aprendi sobre os diálogos abertos e completamente surreais que tive a oportunidade de participar no método Open Space e sobre tantas outras questões que em algum momento vou explorar por aqui. Todos estes nomes que citei agora são métodos estruturados de conversa com diferentes propostas, com diferentes intenções, com diferentes mecânicas de funcionamento e que proporcionam diálogos profundos sobre o que importa.

Eu me lembro que lamentei não ter conhecido tudo isso antes, ao mesmo tempo, acolhi que tudo tem seu tempo e sua hora. Começava a me dar conta e a aprender na prática o quanto o que acontece é exatamente o que há para acontecer. Eu sabia que, de alguma forma, tinha muita vontade de estimular e provocar conversas e diálogos no ambiente corporativo do nível e com a abertura que vi no *Art of Hosting*. Percebi valor e compreendi que "aquilo" poderia apoiar muito as pessoas e a prosperidade dos negócios.

Mas afinal, quem eu sou? Como eu sou quem eu sou? Será este o momento de eu trazer uma autobiografia? Será que isso importa? Será que eu quero falar sobre a minha história? Mas por que eu falaria sobre a minha história? O que vale a pena contar? O que é importante trazer para apoiar a intenção deste livro?

O MEU JEITO DE FACILITAR, INVESTIGAR E EXPLORAR

Todos estes questionamentos falam muito sobre o meu jeito de facilitar e sobre quem eu sou. Eu sou um facilitador que provoca e investiga muitas questões antes de propor um encaminhamento. Eu sou um facilitador que busco constantemente a clareza daquilo que é o objeto da facilitação. Neste meu processo de fazer perguntas, eu provoco descobertas. Nesta minha forma de questionar, eu apoio as pessoas que estão me passando um *briefing* para uma facilitação a compreenderem, com maior clareza, aquilo sobre o qual estão me solicitando para ser trabalhado e, muitas vezes, devido à correria, não tinha sido elaborado de forma tão detalhada. Eu sou um investigador do invisível.

Sou um explorador de possibilidades. Me julgo um artista do sutil que lida com intangíveis, que escuta o que não é falado e que enxerga o que nem todos veem. Eu sou um facilitador de grupos que gosta de chegar antes nos encontros para conhecer o ambiente, para organizar as cadeiras e as mesas do jeito que eu acredito que será melhor para o grupo fluir. Eu chego cedo para montar o centro do encontro e organizar o espaço, cuidando dos movimentos que estão planejados. Tudo isso faz parte de um ritual meu, que eu desenvolvi a partir das minhas próprias necessidades de inclusão, controle e afeto junto aos grupos que vou facilitar, mesmo sabendo que não sou membro dos grupos.

Eu também sou palestrante e percebo que o sistema de relacionamento com os clientes neste contexto é completamente diferente. Não estou julgando o que é melhor ou o que é pior, até porque acredito que não é este o caso. Estou identificando que as finalidades são diferentes e que o tipo de envolvimento é diferente. Quando realizo uma palestra, faço uma reunião prévia de alinhamento (geralmente *on-line*) em que os temas que serão abordados são definidos, conheço o local onde vou palestrar (muitas vezes por foto), procuro me informar ao máximo sobre o perfil do público e recursos disponíveis, enfim, é um tipo de relação objetivada e construída para que eu chegar informado, fazer a minha palestra, que pode variar entre 50 minutos e 1h30, e depois ir embora. Pode ser que exista um momento de perguntas e, em poucos casos, consigo propor, além das perguntas, uma atividade para apoiar o grupo a refletir sobre os conteúdos trazidos e gerar iniciativas. Digo em poucos casos, porque o usual é fazer a palestra e pronto. O restante já é o meu lado facilitador tentando facilitar o processo de aprendizagem.

Para finalizar este capítulo, quero enfatizar que a jornada de fato é uma jornada. Não foi de um dia para o outro que eu me tornei facilitador de grupos. Não foi de um dia para o outro que eu passei a ler os grupos. Não foi de um dia para o outro que eu me senti seguro para fazer intervenções. Não foi de um dia para o outro que eu me dei conta dos meus limites. Não foi de um dia para o outro que eu parei de ter palpitações e sentir que o coração ia saltar peito a fora na hora de iniciar uma facilitação. É degrau por degrau. Existe uma série de entendimentos e percepções que primeiro são sementes, depois germinam, se desenvolvem, crescem, dão frutos e, tudo isso, se existir intenção, estudo, experiência e dedicação. O repertório vem com o tempo e tudo tem o seu tempo.

Proponho uma recomendação para quem facilita grupos e para quem deseja começar a facilitar grupos. Comece a desenvolver o sutil. Busque formas de perceber o sutil que muitas vezes está diante de seus olhos e você faz de tudo para não ver. Lembre que tudo significa. Investigue. Observe. Contemple. Existem atividades muito simples que promovem desenvolvimento e aprimoram nossa capacidade de ler grupos. Observar grupos de trabalho atentamente, sem interferir, e identificar padrões é um exercício simples e ao mesmo tempo desafiador. Já ouviu falar em Observação Goetheana? A Observação Goetheana é uma abordagem que envolve observar fenômenos da natureza (as ondas do mar, uma planta, o céu, a chuva, um entardecer, as águas de um rio, o nascer do sol, o movimento dos pássaros...) de maneira profunda e intuitiva para desenvolver a percepção do sutil e a capacidade de captar nuances e interconexões invisíveis, promovendo um entendimento mais integrado e empático da realidade. Um segundo passo, além das observações, é passar a fazer registros artísticos destes fenômenos como desenhos ou fotografias. Minha recomendação é no sentido de você se dar conta em como já está percebendo o sutil e, se você ainda não parou para pensar nisso, como você pode começar. Reflita sobre isso. Desenvolver a minha capacidade de perceber o sutil, me apoiou muito a fazer intervenções a partir da minha capacidade de fazer leituras de grupos, dos movimentos grupais, dos acordos tácitos (aqueles que ninguém combinou, mas que todos fazem). Lembre-se que o desenvolvimento de uma pessoa que facilita grupos (como qualquer profissão) não acaba nunca, sempre haverá algo novo a aprender.

4 a facilitação começa antes do encontro e termina depois

ESTE CAPÍTULO SERÁ DIVIDIDO EM TRÊS PARTES. Vamos falar sobre antes, durante e depois de uma facilitação. Assim você terá uma visão mais ampla sobre as oportunidades de cuidar de cada um destes estágios. Não vou analisar estes momentos a partir de um tipo específico de facilitação. Vou fazer uma abordagem geral para a compreensão para qualquer tipo de facilitação.

ANTES: COMO PREPARAR UMA FACILITAÇÃO?

Tudo começa com uma bela reunião de *briefing*. Porém, isto não quer dizer que a percepção e o entendimento da necessidade de uma facilitação já não tenham iniciado, até mesmo por parte de quem facilita. Já me aconteceu de eu estar facilitando uma determinada atividade com um grupo de lideranças de uma organização e, a partir de uma análise que fiz, pude identificar a necessidade do grupo desenvolver habilidades comportamentais relacionadas às competências de liderança. Desta análise que aconteceu em uma atividade acabou emergindo uma conversa e, por consequência, uma trilha de desenvolvimento de líderes.

Existem outros casos em que realizo reuniões de *briefing* a partir de uma necessidade identificada pelo próprio cliente. Nos dois casos – tanto se for uma necessidade que eu identifiquei em um trabalho anterior ou se for a partir de uma necessidade que a organização está trazendo –, o primeiro passo é elaborar um *briefing* contendo o máximo de informações possíveis para ter um entendimento preciso do que se apresenta. Entenda por *briefing* um documento com contexto do grupo, perfil do grupo, necessidades, expectativas e clareza da entrega final após concluir a facilitação. Quando eu me refiro a esta entrega final, exemplifico a partir de uma questão que eu costumo perguntar aos meus clientes: O que você gostaria de perceber que o grupo aprendeu após esta trilha de desenvolvimento? Outra pergunta pode ser: Qual a principal competência que o grupo precisa desenvolver ao longo destes encontros? Assim como estas duas perguntas, eu sempre elaboro uma questão relacionada à necessidade do encontro e que me traga clareza sobre o que precisa ser entregue ao final do encontro ou da trilha de encontros. Esta é uma dica prática que você pode exercitar em diversas situações. Faça um alinhamento sobre o que se deseja ao término de uma reunião. Promova uma clareza compartilhada sobre o que se deseja conquistar, aprender, ou resolver ao término de um encontro.

O documento de *briefing* é uma responsabilidade de ambas as partes, tanto da empresa contratante, representada por uma pessoa que faz a solicitação, como pela própria pessoa que está recebendo o *briefing* e facilitará o encontro. Abordo este ponto da mútua responsabilidade com base no conceito de *Accountability*, no qual existe o papel da pessoa solicitante e o papel da pessoa concedente. Ambos são responsáveis. Contudo, por mais que eu compreenda esta responsabilidade como sendo compartilhada, ainda existe um desconhecimento muito grande, principalmente em casos em que os clientes não estão acostumados a contratar facilitações de grupo, sobre o que precisa ser informado para a viabilização de uma facilitação. Por este motivo, eu identifico uma carga maior de responsabilidade na elaboração do *briefing* para quem facilitará o encontro. Nós, facilitadores de grupo, somos os profissionais deste negócio. É fundamental que quem facilita um grupo tenha consciência das perguntas que deve formular, das questões que devem ser colocadas e de tudo que deve investigar e explorar previamente para elaborar uma facilitação que atenda a necessidade.

Eu sempre recomendo a presença de quem facilitará o encontro na reunião de *briefing*. Podem existir casos em que a facilitação será realizada por uma dupla de facilitadores e que apenas um esteja presente na reunião de *briefing* – isto acontece e há formas de contornar esta situação. Quando um dos facilitadores não estiver disponível para participar de uma reunião de *briefing*, e apenas um participar, eu recomendo que o

"

Nós, facilitadores de grupo, somos os profissionais deste negócio. É fundamental que quem facilita um grupo tenha consciência das perguntas que deve formular, das questões que devem ser colocadas e de tudo que deve investigar e explorar previamente para elaborar uma facilitação que atenda a necessidade.

outro esteja junto no momento de apresentação da resposta do *briefing*. Recomendo que quem pegar o *briefing*, esteja na reunião de apresentação da proposta de trabalho. Este momento de resposta do *briefing* é quando se apresenta a proposta de trabalho e o que eu chamo de "arco do encontro" ou, de forma mais simplificada, a agenda do encontro conforme vimos anteriormente. É neste momento que será apresentado de forma detalhada o método que será utilizado, os conteúdos que farão parte, as necessidades de espaço, equipamentos, estrutura e todo fluxo de interações. Perceba que já emergiram aqui dois momentos importantes que antecedem o encontro. Primeiro, uma reunião de *briefing* e depois uma reunião de apresentação da proposta com o arco, ou seja, o planejamento do encontro (ou da trilha composta por vários encontros). Dependendo do caso, emerge a necessidade de uma terceira reunião com ajustes de arco.

Apresento a seguir uma série de perguntas que podem orientar uma reunião de *briefing*. Dependendo das respostas, e dependendo do tipo de facilitação, podem emergir novas perguntas. Independente destas questões essenciais que trarei a seguir, eu recomendo que pessoas que facilitam grupos tenham um olhar de profunda curiosidade, genuíno interesse e assim possam nutrir um ambiente de investigação. Vou dividir as perguntas em três partes.

A) Questões sobre o grupo.

B) Questões sobre a tarefa e o que será entregue ao final da facilitação.

C) Questões sobre a estrutura disponível.

A) Questões de briefing relacionadas ao atual contexto e relações do grupo que será facilitado

- Quantos integrantes tem este grupo que será facilitado?

- Quem são estas pessoas?

- Existe alguma figura de autoridade que estará junto – uma liderança?

- Como é a relação do grupo com a liderança?

- Este grupo está habituado a trabalhar junto ou cada um executa sua tarefa de forma isolada dos demais?

- Trata-se de um grupo de trabalho ou são pessoas que trabalham na mesma empresa, porém em diferentes áreas?

- Este grupo atua de forma presencial ou remota?

- Qual a qualidade de conexão entre as pessoas deste grupo?

- Como é a comunicação entre estas pessoas?

- Existem comportamentos agressivos neste grupo?

- Qual o nível de confiança entre as pessoas deste grupo?

- Qual o nível de abertura entre as pessoas deste grupo?

- Como são as relações entre os membros deste grupo?

- Quais são os desafios comportamentais deste grupo?

- Como este grupo lida com os desafios de trabalho?

- Como este grupo atua em relação as mudanças?

- Existe colaboração neste grupo?

- Existe competição neste grupo?

- Existem conflitos ou situações de tensão declaradas que precisamos saber para conduzir a facilitação?

A partir das respostas destas perguntas podem emergir novas questões. Durante uma conversa de *briefing* para entendimento de um grupo de trabalho, uma questão leva a outra e é comum que surjam *insights* e uma série de "dar-se conta" durante esta conversa. Coloco esta observação porque podem existir muitas outras perguntas não listadas aqui e que só vão aparecer a partir da conversa.

B) Questões de briefing relacionadas à tarefa que será realizada

- Para que o grupo vai se reunir em uma facilitação?
- Qual a questão do grupo que precisa ser facilitada?
- Como você imagina que a facilitação pode apoiar o grupo?
- O grupo já participou de outros momentos de facilitação? Se sim, como foi?
- Existem entregas tangíveis como, por exemplo, uma Matriz FOFA (Forças e Oportunidades / Fraquezas e Ameaças) e existem entregas intangíveis, como o desenvolvimento de competências relacionais, qual a expectativa de entrega (resultado/objetivo) para esta facilitação?
- Como você pode expressar o pedido principal desta facilitação?

C) Questões relacionadas à estrutura disponível para a realização da facilitação de grupos

Aqui vamos investigar a estrutura, algo fundamental para a etapa de planejamento. Ocorrem situações em que a empresa pode solicitar para ver a proposta primeiro e depois tomar uma decisão se aluga um espaço ou se realiza dentro da própria sede da empresa. Quando o espaço e os recursos são fixos e já contratados, é muito importante saber desta condição para planejar o fluxo de interações, apresentação de conteúdos e momentos de atividades já considerando o espaço. Assim, apresento as seguintes questões que podem orientar este momento e talvez inspirar novas questões:

- Onde será o encontro?

- Será na empresa ou em um outro local?

- Caso o encontro seja remoto, é fundamental definir a plataforma com antecedência e comunicar isto aos participantes. Existem plataformas mais amigáveis do que outras e isto faz toda diferença em uma facilitação *online*. Além da plataforma que vai reunir todo mundo, quais outras ferramentas serão utilizadas no caso de uma facilitação *online*?

- O grupo é aberto ou resistente a novidades digitais?

- Trazer uma plataforma ou ferramenta nova seria visto como algo positivo ou pode ser um fator de resistência?

- Voltando para o modelo presencial, qual o tamanho da sala onde faremos o encontro?

- Teremos espaço para montar dois ambientes? Eu gosto de sempre ter um círculo onde fazemos processamentos e um outro local com mesas de trabalho (geralmente 4 a 6 lugares) onde realizamos atividades coletivas.

- Teremos uma área externa?

- Teremos equipamento de áudio e vídeo?

- O café será servido no mesmo espaço onde trabalharemos ou será servido em outro local? Esta questão parece boba, porém quando se trata de desenvolvimento de grupos, desenvolvimento humano ou resolução de conflitos, esta questão é fundamental. Se durante um diálogo mais tenso, uma discussão mais acirrada alguém entra na sala para trazer um café, isto pode comprometer muito a qualidade do que se está produzindo. Já tive algumas experiências bem ruins neste sentido. Minha recomendação é sempre que possível visitar ou solicitar fotos e vídeos do local onde o evento será organizado.

Ainda pensando no que fazer antes da facilitação, é neste momento que será definido se existirá um *pre-work* ou uma pesquisa, ou entrevistas ou outras atividades semelhantes. Estas atividades de pré-encontro têm várias funções e podem apoiar muito o fluxo de uma facilitação. As atividades de pré-encontro podem servir para já conectar os membros de um grupo a uma temática que será trabalhada. Também funciona, em casos bem específicos, para uma espécie de descompressão. Quando há uma conversa muito tensa a ser facilitada e as pessoas têm a possibilidade de elaborarem os pensamentos fazendo com que elas cheguem ao encontro com questões mais maduras, isso se torna bastante propositivo e evita um caminho de desgaste desnecessário, ainda mais que a intenção é facilitar e não complicar. Assim como as atividades de pré-encontro apoiam para os membros do grupo que será facilitado, elas também apoiam para maior compreensão de quem facilitará o encontro. Muitas vezes até mesmo proporcionam interações prévias ao encontro como um *kick-off* com todo o time, em que uma tarefa já será solicitada para o grupo chegar ao encontro com um caminho já percorrido. Tudo depende do caso, depende da intenção, depende do pedido (objetivo da facilitação) e depende dos níveis de maturidade e disposição dos grupos que serão facilitados.

PLANEJAMENTO DO ENCONTRO

Com todas as informações do *briefing* é hora de sentar e planejar o encontro. É neste momento que será realizado o que costumo chamar de Arco do Encontro que nada mais é do que o cronograma do encontro. Eu tenho por hábito planejar os encontros em uma planilha na qual tenho as seguintes informações organizadas lado a lado em colunas: Horário de cada atividade, Tempo de duração de cada atividade, Título de cada atividade, Detalhamento sobre como será a Atividade, Quem conduzirá a Atividade, Observações e, por fim, Materiais Necessários para a Atividade.

EXEMPLO DA PARTE INICIAL DE UMA PLANILHA PARA UM ENCONTRO PRESENCIAL:

HORA	TEMPO	ATIVIDADE	COMO	QUEM	OBS.	MATERIAIS
8h00	5min	Abertura	-	-	Em círculo	-
8h05	30min	*Check-in*	-	-	Em círculo	Pranchetas e kit 01
8h35	1h	Palestra 1 com Processamento	-	-	Nas mesas	Canetinhas e folhas
9h35	1h	Atividade 2 com processamento	-	-	Na rua	Bastões
10h35	15min	Intervalo	-	-	Na varanda	*Coffee* completo

É a partir desta organização, e tendo sempre em mente os objetivos principais da facilitação, que eu começo a desenhar o cronograma de um encontro. As facilitações começam com um *check-in* e encerram com um *check-out*, sendo que antes do *check-in* é comum ter uma abertura com boas-vindas por parte do cliente, e quando eu também faço uma breve fala me apresentando. Estas planilhas servem muito para orientação e planejamento, porém não podem ser um elemento estanque sem maleabilidade. Muito pelo contrário, é importante que quem facilite um encontro, esteja aberto para lidar com as variáveis, com o imprevisível e com o incontrolável que emergem em uma facilitação. Como mencionei em uma história lá no primeiro capítulo deste livro, teve um encontro em que eu e o meu parceiro de facilitação rasgamos a nossa planilha na frente do grupo porque entendemos que o que tínhamos planejado já não seria mais trabalhado. É comum fazermos ajustes em uma planilha e isto não significa que o encontro foi mal planejado, pelo contrário, significa atenção, cuidado e capacidade de lidar e acolher o emergente do grupo.

DURANTE: O QUE CUIDAR DURANTE UMA FACILITAÇÃO?

Quando o encontro é presencial, eu tenho o hábito de organizar a sala onde será a facilitação. Às vezes o cliente nos espera já com tudo organizado – claro que isso ajuda muito, isso é ótimo. Porém, mesmo assim, eu sinto necessidade de dar a minha contribuição. Organizar as cadeiras, organizar as mesas, organizar o círculo, montar o centro que fica no meio do círculo, distribuir folhas, canetinhas, pensar no local dos materiais, tudo isso é um processo de apropriação do espaço. Eu tenho esta necessidade. Enquanto eu vou organizando tudo, eu já começo a imaginar as atividades que estão previstas e começo a visualizar o encontro acontecendo. Esta fase de arrumar a sala pode acontecer no dia do encontro ou pode acontecer um dia antes. Tudo depende muito da quantidade de materiais que precisam ser escritos, desenhados, colados em paredes, enfim, depende muito do que está planejado.

Quando a facilitação é presencial, eu sempre recomendo que os integrantes de um grupo possam chegar de 15 a 30 minutos antes do início efetivo do encontro. Desta maneira, conseguimos conversar, conseguimos tomar um café juntos e assim já vamos nos conhecendo, nos percebendo.

O momento em que o encontro está acontecendo é aquele em que exatamente tem que acontecer e o que acontece nele também. Dar-se conta disso é libertador. E justamente por perceber que no encontro acontece exatamente o que tem para acontecer, que é fundamental estudar o encontro antes dele acontecer. Este raciocínio de que só acontece o que tem para acontecer é a melhor forma que eu encontrei de me preparar para o encontro. É desta maneira que eu me responsabilizo pelo que está na minha zona de controle e cuido afetivamente do que não está. Muito do que acontece em uma facilitação é de minha total responsabilidade. É quem facilita o encontro que cria o *check-in*, que define as atividades, que faz a curadoria de conteúdo, que arruma a sala, que recebe as pessoas e por aí vai. E tudo que não foi criado ou definido por quem facilita, de alguma forma foi aceito. É durante o encontro que emerge a espontaneidade do grupo. É no momento do encontro que vivemos as tensões e presenciamos a dinâmica de funcionamento que, muitas vezes (na grande maioria), nem o próprio grupo tem consciência.

Durante uma facilitação é muito importante a pessoa que facilita um grupo colocar atenção para não "membrear" no grupo. "Membrear" significa tornar-se membro sem ser e, assim, assumir uma posição no grupo que não é a posição de quem está facilitando. Este fato tem uma série de implicações desfavoráveis tanto para o grupo que está sendo facilitado como para a própria pessoa que facilita. Eu aprendi este termo durante a minha formação em Dinâmica dos Grupos na SBDG – Sociedade Brasileira de Dinâmica dos Grupos. Estar na posição de quem facilita é uma coisa, "membrear" e assumir uma posição de membro de um grupo é outra. A posição de facilitador de grupos exige um certo afastamento do grupo e por isso muitas vezes é ruim que alguém do próprio grupo venha a facilitar uma atividade. Quando a pessoa que facilita "membreia" e passa a assumir uma posição como se fosse parte do grupo, esta pessoa tende a desenvolver necessidades de inclusão, controle e afeto como se pertencesse ao grupo. Estas necessidades são inconscientes e fazem parte da Teoria das Necessidades Interpessoais em Grupos desenvolvida por Will Schutz. Segundo o autor, acontece com todos os indivíduos que entram em um grupo, seja o grupo que for. Por esta razão, é importante que quem facilita fique muito atento para não "membrear" e manter-se na posição de facilitar o grupo. O fato de "membrear" no grupo, tira a isenção da pessoa que facilita, pois ela passa a se identificar como membro do grupo, faz escolhas, opina, assume posição e às vezes defende integrantes como se fosse do grupo. Nestes casos, a pessoa que facilita deixa de estar a serviço do grupo e passa a estar a seu próprio serviço ou de algumas pessoas do grupo. Outra dinâmica que pode se estabelecer com uma pessoa que "membreia" é assumir um papel do Triângulo do Drama (perseguidor, salvador ou vítima). Esta teoria foi desenvolvida por Stephen Karpman na década de 1960 e é um dos pilares da análise transacional. Quem facilita grupos precisa ter em mente a possibilidade de "membrear" para assim saber que isto existe e que deve ser evitado. Este é um cuidado bastante importante, exige presença, exige atenção e proporciona que o grupo siga tendo a figura de quem facilita a seu serviço.

Outro cuidado que desejo trazer para o momento da facilitação de grupos é relacionado ao tempo das atividades. É muito importante cuidar para proporcionar que o encontro aconteça dentro do horário previsto e existem casos em que se torna necessário fazer ajustes ou até mesmo eliminar atividades em função de um tempo excedido em uma atividade. Às vezes este tempo excedido em uma atividade pode estar a serviço do grupo e ser considerado saudável proporcionar que o grupo siga, porém existem casos em que o tempo é excedido por motivos que não contribuem com o grupo.

Assim como é importante cuidar do tempo, também é necessário estar atento se são sempre as mesmas pessoas que falam. O que impede as outras pessoas de falarem? Quem mais gostaria de falar além das pessoas que já falaram? É papel de quem facilita provocar que todos os integrantes do grupo tenham a oportunidade de se expressar. Caso a oportunidade seja dada e, as pessoas não ocupem este espaço, então não é papel de quem facilita forçar a participação. É papel dar oportunidade e manter o cuidado para nutrir as relações. Assim como existem pessoas com perfis menos expansivos, também existem pessoas com medo de falar e que decidem não falar, e está tudo certo. Este assunto pode ser tratado em um intervalo com que quem contratou a facilitação ou direto com a pessoa, caso exista abertura.

Em casos de facilitações de um dia inteiro ou de dois dias de atividades, recomendo ter conversas rápidas de alinhamento ao longo do dia entre quem contratou a facilitação e quem está facilitando. Eu já fiz isso diversas vezes e me apoiou muito. Às vezes o combinado é que em todos os intervalos de lanche ou almoço teremos uma conversa rápida de no máximo 5 a 10 minutos para nos escutarmos. Quando as coisas mudam durante uma facilitação, ou quando uma das partes está percebendo algo ou uma possibilidade de um novo rumo, estas conversas rápidas de alinhamento são oportunas.

Conforme vimos nesta parte, o encontro é vivo. Cabe a pessoa que facilita abrir um canal de diálogo com a pessoa que contratou para que possam fazer *checkpoints* para alinharem o que for necessário. É muito importante que quem facilita tenha disposição para tomar decisões e fazer ajustes de rota durante o próprio encontro. Também é oportuno ter abertura, presença e inteligência emocional para lidar com situações adversas, incontroláveis e imprevisíveis.

DEPOIS: ENCAMINHAMENTOS POSTERIORES A FACILITAÇÃO

Relatório da Facilitação
A elaboração de um relatório com as colheitas dos trabalhos desenvolvidos, incluindo ou não fotos do grupo e dos diversos momentos da facilitação, é bastante usual. O relatório apoia o grupo a ter uma memória tangível, concreta, de todos os momentos da facilitação e dos trabalhos desenvolvidos, e apoia muito o encaminhamento futuro.

Relatório Analítico
Este é um relatório com uma análise comportamental ou técnica do grupo, conforme for necessário. Este tipo de relatório pode apontar: as atuações comportamentais do grupo, como seus desafios, resistências,

medos, conflitos, capacidade de colaboração, abertura, padrões de comunicação, vieses, entre outros; e questões técnicas, relacionadas à temática da tarefa que desenvolveram. Destaco a importância da qualificação por parte de quem facilita um grupo para fazer leituras de grupos quando este tipo de relatório for solicitado.

Outro tipo de relatório analítico é o relatório de prontidão do grupo. Este relatório é composto por uma análise sobre o quanto um grupo está apto (capacitado) para executar uma determinada tarefa. Por exemplo, imagine um grupo de uma organização que vai participar de um planejamento estratégico. Antes dos encontros de imersão no planejamento acontecerem, este grupo passa por um encontro facilitado no qual será realizado um momento inicial com uma integração dos participantes, definição de acordos, entendimento de escopo, e uma atividade sobre nível de conhecimento, pensamentos (suposições, dúvidas e incertezas) e sentimentos relacionados ao planejamento futuro que será desenvolvido. Durante este encontro, a pessoa que facilita terá condições de analisar uma série de fatores comportamentais e técnicos que possibilitam a elaboração de um relatório de prontidão do grupo para uma determinada tarefa, neste caso que estou ilustrando aqui, um planejamento estratégico.

E-Book

Elaboração de um e-*book* com resumo dos conteúdos apresentados para envio posterior à facilitação ao grupo. Este material pode apoiar o grupo a visitar conceitos para promover mudanças efetivas. O tempo todo, tudo é relativo e depende muito do conhecimento sobre o perfil do grupo. Existem grupos que estão mais propensos a estudar um *e-book* sem a necessidade de estímulos. Existem grupos que, mesmo com estímulo, vão manter o arquivo em alguma pasta no computador e nunca mais o visitarão. A qualidade deste material e relevância dos conteúdos para o dia a dia são fatores fundamentais a serem considerados.

Livro, Cartilha ou E-Book de Exercícios

Elaboração de um livro de exercícios para ser aplicado por alguma área específica da empresa para avaliar conhecimentos sobre o que foi trabalhado. Como já mencionei antes, tudo depende de uma estratégia e do perfil do grupo. Existem empresas que têm por hábito fornecer programas de desenvolvimento e aplicar testes de conhecimento, outras não. Fica a dica para avaliação de pertinência.

Livro ou algo simbólico

Esta também é uma forma de promover e perpetuar o conhecimento. Dependendo do contexto, o livro pode ser entregue antes ou depois do encontro. O envio de um livro com conteúdos associados ao que foi trabalhado na facilitação é uma forma de manter a chama acesa. Já tive a oportunidade de fazer a distribuição de livros e elementos simbólicos ao tema do encontro no momento do *check-out*. Outra forma, que também já tive a oportunidade de trabalhar, é quando os participantes voltam para suas mesas de trabalho (no dia seguinte à facilitação) e são surpreendidos com um pacote de presente contendo um livro e um cartão de agradecimento pela participação no encontro promovido pela empresa.

Estas possibilidades precisam ser pensadas antes do encontro e se materializam após. Tudo faz parte de uma estratégia única. A principal questão a ser considerada neste momento é a intenção de proporcionar, para um grupo que passa por uma facilitação, formas de nutrir os aprendizados, as reflexões, as trocas e as experiências. Dependendo do tipo de facilitação e da intenção, pode ser recomendado propor que o próprio grupo assuma a responsabilidade de fazer as colheitas do encontro e organizá-las para posterior distribuição aos colegas, isto é muito comum. Outra questão é que, muitas vezes, a experiência do grupo é a grande entrega e cada integrante sai do encontro com suas reflexões, com seus próprios significados e com aquilo que considera relevante para o seu desenvolvimento integrado ao grupo.

Conclusão

Quero ressaltar o quanto é importante que a intenção do encontro esteja o mais evidente possível. Essa clareza ajudará a pensar com qualidade sobre o que fazer e o que não fazer antes, durante e depois de uma facilitação. Muitas questões e possibilidades emergirão no decorrer do processo e, às vezes, a simplicidade é a melhor escolha. Tudo depende da sensibilidade de quem facilitará, do grau de conhecimento sobre o grupo e do quanto se tem recursos internos para responder com precisão, de maneira imediata, afetiva e genuína.

5

tipos de facilitação de grupos

OS TIPOS DE FACILITAÇÃO
E SUAS RESPECTIVAS ENTREGAS

Neste capítulo, vou explorar os principais tipos de facilitação, seus contextos, desafios, necessidades, entregas e habilidades necessárias para cada tipo de facilitação. Quero destacar que, por mais que existam tipos específicos de facilitação, este conteúdo serve para compreendermos as necessidades e nos prepararmos para cada um dos momentos. Digo isso porque é muito comum, por exemplo, termos um dia de facilitação em que no turno da manhã temos Transmissão de Conhecimento e Reflexão Estratégica – são dois tipos distintos de facilitação –, e a tarde teremos a Resolução de Uma Tarefa e encerraremos o dia com um Processo Decisório. Perceba que estou falando de um encontro de um dia inteiro, com 4 tipos distintos de facilitação, no qual, muito provavelmente, uma pessoa (ou talvez uma dupla) facilitará todo encontro. Menciono isso porque a vida, como ela é, acontece de forma orgânica com diversos pedidos e necessidades simultâneos e nem sempre tão claros. Cabe a pessoa que facilita estar atenta a compreender os momentos distintos, pensar nas atividades que apoiam a intenção de cada um deles, avaliar sua capacidade e os recursos necessários e, por fim, avaliar se há tempo suficiente para facilitar todas as atividades no tempo determinado ou sugerido pelo cliente.

Destaco dois pontos de fundamental atenção para este capítulo:

- Cuidado para não colocar um peru em um pires! Às vezes podemos cair em armadilhas ao não proporcionar limites estruturantes. Muito cuidado, porque existe uma tendência natural de clientes desejarem aproveitar o momento para acomodar diversas questões que necessitam ser atendidas, e isto é da natureza do jogo, está tudo certo. Eu recomendo muita atenção para que, na ansiedade de "querer agradar", não venhamos a aceitar tudo e prejudicar as entregas que poderiam ser trabalhadas com maior qualidade. Não existe uma regra nem uma fórmula pronta. Cada grupo tem seu ritmo, cada grupo tem suas dinâmicas de funcionamento e às vezes um mesmo desenho de trilha de uma facilitação pode ter muita fluidez com um grupo e vários entraves com outro. Conhecer o perfil dos integrantes de um grupo, saber se o grupo está acostumado a trabalhar com o tipo de situação que será apresentada e identificar previamente possíveis entraves (conflitos pré-existentes) apoia muito para elaborar uma proposição de atividades.

- Saiba distinguir os pedidos para compreender o tipo de facilitação e suas respectivas entregas. Feito isso, alinhe com a pessoa que está fazendo a contratação. Alinhamento de expectativas e entregas é muito importante para que as partes tenham a clareza do contrato firmado. É muito importante alinhar entre quem contrata e quem é contratado as devidas entregas para o que está sendo contratado. Não me refiro aqui a formalidade de um contrato com a presença de um advogado, me refiro sim a clareza que pode ser apresentada em uma reunião em que se resgata o *briefing* e, a partir da concordância do resgate do *briefing*, se apresenta a agenda do encontro e as atividades que serão propostas para cada momento. Eu não gosto de apresentar a agenda previamente para os participantes dos encontros. Este é o meu jeito de facilitar. Eu sempre prefiro apresentar a agenda para uma pessoa que está fazendo a contratação e que não é membro do time em questão. Isso ocorre muito porque geralmente sou contratado por áreas de RH e Educação Corporativa. Nada impede reuniões de alinhamento de necessidades com as lideranças dos times em questão e, em alguns casos, uma apresentação sem detalhamento de atividades com estas lideranças, a fim de checar a intenção e o tipo de encaminhamento. Existem casos, principalmente quando o trabalho ocorre pela primeira vez, que algumas lideranças sentem necessidade de saber todos os detalhes do que está planejado para acontecer. Isso faz parte de um processo de conhecimento e desenvolvimento de confiança. Eu atuo com diversos clientes recorrentes que já conhecem meu trabalho, que confiam no meu jeito de fazer e que me pedem para não contar o que vai acontecer, porque desejam ser surpreendidos e sabem do meu processo.

Por mais que existam tipos distintos de facilitação, quanto mais você aumentar seu repertório, conhecendo técnicas, diferentes atividades, diferentes perfis de grupo, métodos, modelos de encontros e vivendo diferentes experiências, mais você se desenvolverá para, com maturidade e responsabilidade, integrar seu conhecimento e criar seu próprio jeito de facilitar, misturando técnicas conforme seu entendimento. Com o passar do tempo, você terá a possibilidade de modificar modelos existentes, criar do zero novas atividades e, assim, dar vazão para sua criatividade, desenhando fluxos de interações que em sua visão atenderão as expectativas do trabalho em questão. Isto não acontece de um dia para o outro. É preciso conhecer, experimentar e estar muito atento para não meter os pés pelas mãos. Cada um tem o seu tempo e cada um tem o seu ritmo de aprendizado a ponto de se permitir integrar técnicas ou criar atividades.

Lembre-se de sua responsabilidade e de seu comprometimento. Lembre-se que você nunca facilitará métodos ou processos, você sempre facilitará pessoas a percorrerem caminhos utilizando métodos que você escolheu, criou ou concordou em facilitar.

Uma facilitação pode acontecer com diversas finalidades. É a finalidade da facilitação que determinará o tipo de facilitação. Dependendo da finalidade e, por consequência, do tipo de facilitação, também será necessário observar se você, ou a pessoa que irá facilitar, tem competências para o que se faz necessário. Eu falo aqui em conhecimento técnico,

Lembre-se de sua responsabilidade e de seu comprometimento.
Lembre-se que você nunca facilitará métodos ou processos, você sempre facilitará pessoas a percorrerem caminhos utilizando métodos que você escolheu, criou ou concordou em facilitar.

repertório, maturidade, vivências em grupos na posição de facilitador para lidar com esta demanda, habilidades relacionais e estofo interno para sustentar o que porventura venha a emergir neste tipo de atividade. Um ponto de atenção aqui é o cuidado para não abrir aquilo que você não terá condições de sustentar. Por este motivo é fundamental conhecer os seus limites para que você não venha a descobri-los durante uma atividade, pois isto poderá comprometer a atividade e colocar você e os demais em risco.

O universo de possibilidades é bastante amplo. Vou categorizar aqui, de forma a tornar este conhecimento acessível e de maneira que você consiga perceber dentro do seu contexto profissional, ou de suas necessidades, ou até mesmo de suas vontades, qual destes tipos conversa mais com você.

FACILITAÇÃO DE PROCESSO DECISÓRIO OU TOMADA DE DECISÃO

Neste caso existe algo claro para ser decidido. O foco da facilitação é uma tomada de decisão que precisa acontecer. Muitas técnicas podem ser aplicadas para facilitar que um grupo tome uma decisão. Quais perguntas podem orientar esta facilitação? Qual o ponto de partida dos integrantes do grupo? Quem são estas pessoas e qual a alçada delas para esta tomada de decisão? Quando falamos em facilitar um processo decisório, podemos estruturar a facilitação pensando em diversos momentos. Pode ser necessário proporcionar conhecimento para que o grupo saiba mais e tenha melhor condição de refletir e tomar uma decisão. É importante avaliar critérios que serão apresentados para facilitar a tomada de decisão. Existem momentos que antecedem a tomada de decisão e que qualificam o processo e a trilha do grupo até chegar no momento efetivo de tomada de decisão. Dependendo do processo e da qualidade dos momentos que precedem a tomada de decisão, este processo decisório se torna mais natural. Dependendo do contexto em questão, pode ser que existam forças distintas dentro do grupo e até mesmo representantes de interesses opostos tornando o processo bem mais complexo e exigente para a pessoa que facilita. Quanto mais claro e transparente for para o time o que se passa, mais consciente o time se torna, e mais completo fica o processo (nem fácil, nem difícil). Perceba que, por mais que pareça algo concreto e pragmático, o processo de tomada de decisão pode envolver divergências, ânimos exaltados, discussões acaloradas, ou não, pode fluir com divergências e construções propositivas.

Reflita sobre as habilidades necessárias para facilitar este encontro. Reflita sobre o preparo para conduzir um time a uma tomada de decisão, tendo como base os exemplos a seguir. Vou ilustrar a facilitação de Processos Decisórios com 4 exemplos:

Definição de Prioridades Estratégicas

Facilitar a decisão sobre quais projetos ou iniciativas devem ser priorizados em um plano estratégico, considerando recursos limitados e os respectivos impactos. A facilitação pode apoiar o grupo a eleger critérios e, a partir desta escolha coletiva, fazer a priorização.

Resolução de Conflitos de Interesses

Quando diferentes departamentos ou equipes têm interesses conflitantes, a facilitação pode apoiar na mediação do grupo para uma tomada de decisão que equilibre as necessidades de todos os envolvidos, promovendo uma solução consensual fundamentada em critérios definidos pelo próprio grupo ou já existentes na organização.

Escolha de Novas Tecnologias,
Softwares ou Ferramentas (máquinas)
Facilitar o processo de escolhas em que o grupo precisa avaliar diversas opções considerando sua estratégia, alocação de recursos, custos e benefícios.

Desenvolvimento de Novos Produtos,
Funcionalidades ou Serviços
A facilitação apoia o grupo a tomar uma decisão sobre a melhor abordagem, considerando e integrando diferentes perspectivas, avaliando riscos e alinhando a decisão com as demandas de mercado e a capacidade interna.

FACILITAÇÃO DE REFLEXÃO ESTRATÉGICA

Aqui não existe a necessidade de tomar uma decisão. Aqui temos um processo em que um grupo vai refletir estrategicamente sobre uma temática específica que apoiará processos do grupo ou da organização. Este formato de facilitação é bastante comum durante o Planejamento Estratégico. O fato de não ser necessário tomar uma decisão, não significa que não exista uma entrega neste tipo de facilitação. O grupo pode gerar conclusões ou até mesmo apontar necessidades, ou iniciativas, ou ainda resumos de entendimento sobre uma questão específica. Este formato de facilitação, em que grupos são convidados a fazer reflexões estratégicas, é muito importante para proporcionar alinhamentos e entendimentos relacionados aos mais diversos assuntos dentro de uma organização. Este tipo de facilitação converge muito com as temáticas de Governança e com o ambiente de colegiados, no qual Conselhos Consultivos, Conselhos de Administração e Comitês Temáticos têm a oportunidade de dialogar estrategicamente sobre o que importa.

Apresento, como exemplo, alguns temas que podem ser abordados em uma facilitação de reflexão estratégica:

Identidade e Propósito Organizacional
Esta reflexão pode apoiar uma organização a redefinir, ou até mesmo a reafirmar, o propósito, a missão, a visão e os valores.

Cenários Futuros
Aqui podem ser realizadas discussões sobre tendências e mudanças no ambiente externo que podem impactar a organização. Existem modelos específicos para facilitar estas conversas. Destaco o modelo PESTEL (Fatores Políticos, Fatores Econômicos, Fatores Sociais, Fatores Tecnológicos, Fatores Ambientais e Fatores Legais).

Inovação e Competitividade
Aqui o foco é promover reflexões estratégicas sobre como a organização pode se posicionar de forma inovadora no mercado explorando oportunidades, dados e se diferenciando da concorrência.

Cultura Organizacional
Reflexões sobre a cultura vigente e como ela apoia ou impede a realização de objetivos estratégico. Já tive a oportunidade de facilitar encontros para promover o entendimento da organização sobre os seus valores junto aos colaboradores, e como as equipes podem agir no cotidiano organizacional estimulando comportamentos que refletem e estão em sintonia com tais valores.

ESG e Responsabilidade Social
Discussões sobre o papel da organização em promover práticas de ESG e como estas podem ser integradas na estratégia de longo prazo da organização.

Gestão de Talentos

Reflexões sobre como atrair e reter talentos de maneira alinhada às diretrizes estratégicas gerais da organização.

Governança Corporativa

Reflexões sobre como aprimorar os processos de governança tendo como base a edição atualizada do Código de Melhores Práticas em Governança do IBGC (6ª edição).

Percebam a quantidade de assuntos que podem ser explorados, sendo que aqui, a título de exemplo, eu trouxe um encaminhamento para cada temática. Podem existir muitos outros, dependendo da organização e seu contexto. Todos estes temas podem ser explorados no campo da reunião em um grupo de trabalho ou, tomando uma outra proporção, sendo conduzidos por um profissional que facilita grupos e possui competências específicas para lidar com as diversas situações que emergem nestas conversas, além de preparar o terreno considerando todas as questões técnicas que envolvem uma facilitação. Chamo a atenção para o quão diferente é uma reunião de uma facilitação, em que existirá uma pessoa que facilitará o processo, o desenho de uma agenda, um local, a organização do espaço, um tempo determinado, tarefas e a identificação das entregas, tudo isso previamente preparado com a intenção de facilitar as pessoas, potencializando diálogos e promove a inteligência coletiva.

FACILITAÇÃO DE TAREFAS EM GRUPOS DE TRABALHO

Este é um tipo de facilitação em que um grupo de trabalho tem uma entrega e precisa de uma facilitação para apoiar o grupo em partes ou na totalidade desta tarefa. Pode ser que a facilitação ocorra para gerar iniciativas que vão compor esta entrega. Pode ser que a facilitação aconteça para apoiar o time a priorizar entregas já existentes. Pode ser que a facilitação aconteça com a intenção de promover uma matriz específica e esta seja a tarefa do grupo em questão.

Existem matrizes utilizadas já há muitos anos em construções de planejamento estratégico que podem exemplificar este tipo de encontro. Rapidamente e sem aprofundar, trago alguns exemplos: 5W2H, GUT, BCG, RACI, SWOT (ou FOFA), PESTEL, entre muitas outras. A diferença é que uma coisa é um consultor ou uma consultoria, ou alguém da própria organização realizar uma matriz ou uma outra tarefa e apresentar para o cliente, outra coisa é facilitar um encontro em que um grupo de 20, 40, 70 (ou quantos forem) participantes possam nutrir a inteligência coletiva, cuidando das relações e, juntos, fazer de forma coletiva e colaborativa a resolução de uma tarefa a partir da utilização de uma determinada matriz. Muitas vezes também podem ser utilizados métodos bastante corriqueiros em organizações que atuam a partir de princípios ágeis, com cerimônias e práticas específicas.

Estas mesmas matrizes também podem ser utilizadas para apoiar um Processo Decisório, ou seja, pode ser que diferentes necessidades de facilitações aconteçam utilizando as mesmas matrizes, o que não significa que as facilitações vão transcorrer da mesma forma. Em cada uma será focada sua necessidade específica.

Agora resgato o que já mencionei lá no início deste capítulo. O cuidado que precisamos ter quando formos facilitar um grupo, ou contratar uma facilitação, é que no mundo prático as coisas nem sempre são claras e divididas como em um livro. O contexto é vivo e orgânico. Pode ser que uma facilitação aconteça com a intenção de realizar uma atividade específica, tendo este olhar exato de Resolução de Tarefa que estou trazendo aqui, sendo que esta atividade faz parte de um Planejamento Estratégico que está em curso e considerando que o grupo já participou de um momento de Reflexão Estratégica. Talvez, durante esta facilitação, emerja a necessidade de compartilhar conteúdos ou até mesmo de dar atenção para algum conflito, e aí teremos momentos distintos e diferentes habilidades de facilitação.

Não menciono esta questão para confundir, mas para mostrar que, na prática, não há necessidade de querer colocar a facilitação em uma caixa única, porque é muito provável que isto não aconteça. Por outro lado, compreender o que estamos fazendo (ou nos propondo a fazer) será fundamental para saber o que já aconteceu com o grupo sobre este assunto e como apoiar pensando nos próximos passos.

FACILITAÇÃO DE RESOLUÇÃO DE CONFLITOS (MEDIAÇÃO DE CONFLITOS)

A resolução de conflitos é um tipo de facilitação que requer profissionais com competências específicas para abrir e sustentar este momento. É fundamental que o profissional de facilitação que se colocar à disposição de fazer este tipo de intervenção tenha conhecimento teórico para identificar o estágio do conflito e possua habilidade suficiente para conduzir as conversas necessárias.

Eu já tive a oportunidade de participar de alguns processos de resolução de conflitos. Uma técnica que pode ser utilizada é o Círculo de Paz também conhecido como Círculo de Construção de Paz. Para promover um Círculo de Paz, é fundamental que a pessoa que for facilitar tenha uma ampla compreensão do conflito incluindo seu histórico, contexto e os envolvidos. Independente da técnica a ser utilizada, a pessoa facilitadora deve proporcionar um ambiente seguro e respeitoso, no qual todos possam expressar seus sentimentos e suas perspectivas sem julgamentos. É essencial ter habilidade de escuta profunda, empatia e neutralidade, permitindo assim que os participantes se percebam escutados, compreendidos e seguros. É fundamental que a pessoa que facilita uma resolução de conflitos tenha total conhecimento do método que venha a escolher para este momento.

Certa vez, eu recebi uma orientação e trago ela aqui. Evite facilitar algo que você nunca vivenciou ou que não esteve no papel de observador ou de assistente. Muito cuidado ao facilitar um processo completamente desconhecido e que tenha potencial de abrir o que você talvez não consiga sustentar. Eu lembro da primeira vez em que eu participei de uma reflexão estratégica. Naquela ocasião, eu estava no papel de observador. Foi fundamental observar o processo para depois facilitar em outras oportunidades. Outra experiência que me recordo e ilustra muito bem esta questão, foi quando estive pela primeira vez acompanhando um grupo em uma semana de facilitação utilizando o método Direto ao Ponto. Naquela ocasião, eu também estava como observador. Lembro que na sequência, facilitei muitas turmas de uma organização utilizando este método e a observação prévia foi fundamental. Hoje, enquanto escrevo este livro, lembro de fazer o meu agendamento para observar dois workshops que serão facilitados por colegas de um projeto que, nas próximas semanas, eu também vou facilitar. Por mais que a gente busque conhecimento e vivência prévia, também é importante ter a consciência que todas as facilitações serão sempre a primeira vez, pois os grupos se renovam sempre e mesmo quando se trata de uma trilha no mesmo grupo com pessoas conhecidas, o momento de um novo encontro já é outro, as pessoas trazem e vivem novas questões, o grupo está em um novo estágio de desenvolvimento e quem facilita já está em uma nova página. Mesmo assim, vale a pena evitar facilitar tipos de facilitação que nunca vivenciamos como integrantes de grupo ou que nunca acompanhamos como observadores ou assistentes. A dica que eu ofereço aqui é que se você não estiver familiarizado, ou seguro, com um tipo de facilitação, busque uma dupla (outra pessoa que facilita grupos) mais experiente que você para acompanhar este momento, seja humilde e reconheça os seus limites. Esta é uma questão de respeito com os outros e com você. É uma questão muito séria e que pode ter consequências desastrosas.

Independente do método, é fundamental estar preparado para guiar a conversa de forma estruturada e saber como intervir quando necessário para manter o foco e a harmonia do grupo.

FACILITAÇÃO DE REUNIÕES, ENCONTROS, RETIROS OU ASSEMBLEIAS

Sim, uma reunião pode ser facilitada por uma pessoa externa ou até mesmo por um integrante do próprio grupo de trabalho. São situações distintas e com implicações distintas. Se você for facilitar uma reunião de trabalho, você precisa ter muito cuidado com o grau de comprometimento, vínculo e conflito de interesses que você tem com os demais integrantes e diante das questões que serão tratadas.

A facilitação de uma reunião está diretamente associada a organização da pauta e do encaminhamento de cada momento da reunião. Retiros e Assembleias podem ter pautas mais exigentes e detalhadas. É papel de quem facilita um encontro de trabalho com estas características cuidar para que todos os participantes tenham igualdade de tempo de fala e para que os assuntos pautados sejam contemplados no tempo determinado.

Quando pensamos em encontros de trabalho, retiros e assembleias cabe a pessoa que vai facilitar estes encontros ter em mente algumas questões norteadoras que vão proporcionar produtividade ao encontro:

- Quem integra o time de participantes?
- Onde será realizado o encontro?
- Quais são os recursos técnicos necessários?
- Existe a necessidade de envio de conteúdos prévios aos participantes?
- Existe a necessidade de busca de informações por parte de alguém?
- Qual a intenção (pauta) do encontro?
- Quais são as entregas e as expectativas do encontro?

- Como cada participante poderá contribuir com o encontro?

- Por que convidar as pessoas para um encontro?

- Quais atividades serão propostas no encontro a fim de atender a intenção?

- Quem vai organizar o encontro?

- Quem vai facilitar o encontro?

- Existe a necessidade de apoio para conduzir algum processo?

- Quanto tempo será destinado para a reunião, retiro ou assembleia?

- Existem questões logísticas que precisam ser atendidas?

- Todos receberam o convite para a reunião?

- Quantas pessoas confirmaram presença?

- Existe alguma divisão de tarefas entre os participantes? Isto está claro?

- Existe necessidade de alimentação?

- Teremos participantes *on-line*, ou seja, será um encontro híbrido?

- Existe necessidade de tradução?

- Existe necessidade de alguma atenção especial para algum participante?

- Como será o acesso ao local?

- O que mais pode ser feito para facilitar a chegada, a permanência e o retorno de cada participante?

Eu elaborei e fiz questão de apresentar esta lista neste momento, mas como é possível perceber elas são questões que não são específicas única e exclusivamente deste momento. Minha intenção aqui é proporcionar que reuniões, retiros, encontros e assembleias possam acontecer de forma mais organizada. Percebo que são tipos de encontros nos quais nem sempre existe a figura de alguém facilitando e que, muitas vezes, as coisas acontecem de forma improvisada. Por este motivo, apresentei esta lista de questões aqui neste momento, mas aproveite a lista para todo tipo de facilitação.

Eu trouxe muitas questões completamente misturadas entre produção técnica, recursos e responsabilidades de uma boa facilitação. Pense, dependendo de sua necessidade, quais outras questões podem emergir e que geralmente não são pensadas. Quanto mais investimos tempo pensando no que pode ser necessário, maior será a probabilidade de os participantes focarem na produtividade e na tarefa que precisa ser conduzida. É bom que a pessoa que facilita um encontro tenha conhecimento para questionar estes pontos abordados aqui para a construção de um ambiente adequado e um processo sem dispersão. Muitos dos questionamentos acima não são de responsabilidade de quem facilita, porém interferem diretamente no andamento da facilitação e podem representar uma grave dispersão, dependendo da sua importância. Às vezes são questões muito simples e muito fáceis de providenciar com antecedência.

FACILITAÇÃO DE PROCESSO DE APRENDIZAGEM E CONHECIMENTO TÉCNICO

Quando falamos em facilitar processos de aprendizagem é sobre transmissão de conhecimento técnico. Esta transmissão e aquisição de conhecimento técnico pode ser dada em um encontro no formato de uma aula, pode ser através de uma palestra ou pode ser através de uma facilitação do processo de aprendizagem. Sim, também pode ser que várias técnicas sejam usadas ao longo de um encontro ou de uma trilha de Conhecimento Técnico.

Esta oportunidade de desenvolvimento técnico pode ter diferentes pontos de origem. Pode ser que uma empresa esteja contratando um novo *software* de gestão e tenha a necessidade de dar um treinamento técnico sobre como utilizar uma determinada ferramenta. Pode ser que uma equipe de vendas precise de um dia de campo para um treinamento técnico para conhecer e testar um equipamento novo, recém-lançado, que será comercializado por esta equipe. Pode ser que, devido ao mal uso, devido a reclamações de clientes, ou ainda devido ao mal desempenho comercial, uma determinada equipe precise aperfeiçoar um determinado conhecimento técnico resgatando conceitos que já deveria dominar e aprendendo novos.

Quando exploramos o processo de aprendizagem muitos recursos podem tornar este aprendizado mais fluido. O grupo pode participar de conversas estruturadas e facilitadas para se dar conta de seus *gaps* e assim se desenvolver tecnicamente com a consciência da sua necessidade. Jogos apoiam muito neste momento. A trilha de aprendizagem técnica pode ser uma trilha fluida, com diálogos, com construções coletivas e com a aquisição de conhecimento sendo transmitido de diversas formas. Intercalar vídeos, palestras, bate-papo, visitas técnicas, encenação teatral e tantas outras possibilidades, proporciona melhor assimilação e maior vontade de aprender.

Um processo de transmissão e aquisição de conhecimento técnico pode ser leve e eficiente ao mesmo tempo. Há um campo muito rico e que já está sendo amplamente explorado por diversas organizações, chamando profissionais de facilitação de grupos para estruturarem trilhas de aprendizagem específicas para suas necessidades, contemplando diversos formatos de interação. Lembro ainda o quanto recursos tecnológicos como a realidade imersiva, os *games* e as construções lúdicas e artísticas têm apoiado este campo. Dependendo do perfil da organização, e do perfil do público, há muitos caminhos que facilitadores de processos de aprendizagem podem explorar.

Independente dos caminhos a serem explorados, faço questão de enfatizar aqui o quanto há conhecimento pouco explorado nos próprios grupos de trabalho devido à falta de diálogos, pouca abertura e baixa qualidade de conexões. É muito importante promover e facilitar momentos recorrentes em que os membros de um grupo possam expor suas necessidades, compartilhar desafios e aprendizados, ofertar ajuda, nutrir as relações e potencializar a Inteligência Coletiva. Estes momentos são ricos não só para o aperfeiçoamento técnico das equipes, mas também para fortalecer laços, promover coesão, desenvolver confiança, estimular abertura, criatividade, inovação e a própria produtividade.

FACILITAÇÃO DE DESENVOLVIMENTO HUMANO E COMPORTAMENTAL

Eu tenho uma experiência muito grande em facilitar trilhas de desenvolvimento humano abordando habilidades relacionais e comportamentais. Destaco que nestes casos não estamos tratando de um processo de desenvolvimento de uma equipe específica. São grupos de pessoas que muitas vezes não interagem, ou interagem pouco, e que não estão no mesmo grupo de trabalho. É muito comum algumas organizações promoverem trilhas de desenvolvimento humano para profissionais que desejam se inscrever espontaneamente ou até mesmo para profissionais que atuam em diferentes áreas espalhadas por diversas unidades da organização. Nestes casos, não estamos falando de grupos de trabalho com necessidades relacionadas ao grupo, por isso tratamos como desenvolvimento humano e comportamental, não considerando um grupo específico de trabalho.

Quando somos solicitados a realizar facilitações com foco no Desenvolvimento Humano é comum que o pedido esteja conectado com questões que têm origem em pesquisas de clima ou necessidades, apontadas por lideranças, diante dos desafios que emergem nas tantas interações promovidas pelo ambiente. Estas questões também aparecem quando uma empresa desenvolve trabalhos relacionados a Cultura e Valores e percebe a necessidade de adequar certos comportamentos que não estão alinhados. Também existem casos de uma empresa perceber que, devido a inúmeras mudanças, constante necessidade de adaptação, novas rotinas envolvendo novos processos e diante de cenários de extrema incerteza, alguns assuntos relacionados a comportamentos tornam-se prioritários para que as pessoas convivam com melhor qualidade de vida. Cada vez mais observo o quanto as empresas que cuidam da qualidade das relações de suas equipes, oferecendo programas de desenvolvimento humano para as equipes e para as lideranças, prosperam e fortalecem seus times agregando maturidade, protagonismo, autonomia, confiança e comportamentos efetivamente mais alinhados aos seus Valores e a Cultura.

É comum identificarmos resistências, vieses, crenças e uma série de comportamentos disfuncionais que atrapalham e servem de toxinas para o progresso das organizações. Facilitadores de grupo, que se propõem a trabalhar com desenvolvimento humano junto a lideranças e equipes, precisam estar preparados tecnicamente e desfrutar de habilidade comportamental para escolherem e construirem os caminhos de suas facilitações e, assim, atenderem as demandas solicitadas.

Este tipo de facilitação proporciona autoconhecimento para os participantes. É comum em meio ao "dar-se conta", sobre como as pessoas são, quem são, emergir momentos de emoção, momentos de raiva, momentos em que os participantes ficam com elevados níveis de ansiedade e colocam para fora esta ansiedade de diversas maneiras. Pode ser que membros de um encontro resistam às atividades para não olharem para estas questões. Pode ser que haja dispersão, risadas, muitas pessoas irem pegar café, outras se levantarem para pegar algo para comer, outras deixarem objetos caírem, outras arrastarem a cadeira. Cabe à pessoa que está facilitando o encontro ler o cenário e fazer a devida intervenção. Há momentos, por outro lado, em que os integrantes de um grupo em processo de autoconhecimento simplesmente paralisam diante de tantas informações. Evitam trazer exemplos para não serem expostos. Evitam

"

Somente com muita presença, intenção, sensibilidade, afeto, cuidado e respeito por parte de quem facilita é que a facilitação será leve, profunda e significativa.

falar para não serem julgados, evitam aparecer com medo de que qualquer movimento possa acusar algo sobre si. Estas questões falam sobre o grupo que não se conhece e é repleto de suposições, ou que, justamente por se conhecer e não gostar do que conhece, prefere se calar e paralisa diante da tomada de consciência.

Facilitadores de grupo que atuam promovendo desenvolvimento humano necessitam conhecimento técnico, maturidade para lidar com situações adversas, estofo interno e habilidade para fazer intervenções, e assim promover desenvolvimento para as pessoas que estão em processos sensíveis de dar-se conta de suas próprias questões. Somente com muita presença, intenção, sensibilidade, afeto, cuidado e respeito por parte de quem facilita é que a facilitação será leve, profunda e significativa.

FACILITAÇÃO DE DESENVOLVIMENTO
DE GRUPO E *TEAMBUILDING*

Aqui, neste caso, estamos falando em grupos que trabalham juntos de forma presencial, remota ou híbrida, com demandas específicas relacionadas ao seu processo grupal. Este é o tipo de facilitação em que o grupo e suas dinâmicas de funcionamento são o seu grande conteúdo. Por mais que possamos apresentar, durante uma facilitação, uma série de conteúdos através de palestras ou vídeos, é na atividade que o grupo vivencia seus próprios comportamentos disfuncionais e é na qualidade do processamento da atividade que vamos, de fato, oportunizar que o grupo se perceba, reconheça seus comportamentos e a partir daí possa começar um processo de mudança comportamental.

Quem facilita encontros com foco em *Teambuilding* sob a ótica do Desenvolvimento de Grupo precisa se preparar para lidar com o emergente do grupo, ou seja, aquilo que emerge a partir das interações e do próprio processo de desenvolvimento. O termo *teambuilding* (construção de times) é bastante usado no ambiente corporativo para todo tipo de atividade em que o foco é o desenvolvimento comportamental de grupos de trabalho. A Sociedade Brasileira de Dinâmica de Grupos – SBDG foi minha grande formação neste sentido. Sigo estudando regularmente os conceitos de Will Schutz, Bion, Pichon Rivière, Kurt Lewin, Rene Kaës, Freud, Moreno, Fela Moscovici e tantos outros autores teóricos da Dinâmica de Funcionamento dos Grupos de Trabalho.

Quando um facilitador de grupos conversa com um cliente que precisa trabalhar o desenvolvimento grupal é essencial considerar algumas questões. Estas questões são fundamentais para trazer clareza sobre as necessidades e para direcionar e dimensionar o trabalho que será realizado.

Objetivos e Expectativas

Compreender com o cliente quais são os objetivos em relação ao desenvolvimento do grupo, mesmo que se saiba que um objetivo macro não será alcançado de uma hora para outra. Pergunte o que se espera com um *teambuilding* específico, tenha clareza sobre quais comportamentos precisam ser trabalhados. Com este alinhamento, você conseguirá compreender o que de fato o cliente considera como sucesso no processo.

Histórico e Contexto do Grupo

Abra uma conversa para investigar o histórico do grupo incluindo seus desafios, pontos fortes, relações internas, estágio de maturidade, rotatividade de membros, tempo de liderança, coesão, abertura, qualidade das conexões, nível de confiança, resistências, medos, fragilidades e tudo mais que possa trazer insumos para formar uma imagem de funcionamento do grupo. Esta análise é a base para você personalizar a facilitação e atender as necessidades específicas do grupo em questão.

Cultura Organizacional

Entender a cultura organizacional, incluindo valores, normas e práticas, é fundamental para garantir que o processo de desenvolvimento grupal esteja em sintonia com a identidade da organização. Eu já tive a oportunidade de desenvolver trabalhos incríveis com a intenção de promover entendimento e novos comportamentos alinhados à cultura.

Dinâmicas de Poder e Comunicação

Avaliar como o poder e a comunicação fluem dentro do grupo. Quem influencia quem? Existem lideranças informais? Existe agressividade? Os membros do grupo se sentem seguros para conversar e expressar seus pensamentos e sentimentos? Existem conflitos declarados e não resolvidos? Existe colaboração entre os integrantes do grupo?

Métodos e Abordagens Preferenciais e Conhecidas

Com quais tipos de abordagens e métodos de facilitação que o cliente está familiarizado? Identificar se o cliente terá maior propensão a métodos mais estruturados, lúdicos, jogos ou artísticos. Procure saber se o grupo já vivenciou atividades de desenvolvimento (*teambuilding*) e quais atividades já foram realizadas, principalmente nos últimos dois anos.

Lembro de uma história que contei lá no início do livro sobre uma "artevidade" que realizei com um grupo de uma indústria. Eles nunca haviam trabalhado com tinta, pincel e telas para pintar. Era algo totalmente novo para uma turma que raramente parava para conversar. Não deixei de levar o novo ao time. Não deixei de propor uma atividade nova, porém, foi preciso preparar o terreno e fazer tudo com calma, cuidado, acolhimento e respeito. Quero contar aqui uma outra história, esta aconteceu em um encontro presencial no interior de São Paulo. Começamos o encontro com um *check-in* sentados em um círculo. No lado de fora do círculo, havia mesas com tintas, telas e pinceis. Após o *check-in*, eu fiz o convite para que cada um fosse para uma estação de pintura. Cada pessoa reagiu da sua forma, ao seu tempo. Alguns se levantaram e foram rápido se sentar diante das telas. Outros foram com mais calma. Teve uma pessoa que levantou e não caminhou. Fui até esta pessoa e perguntei se estava tudo bem. Escutei que sim. Falei que não havia pressa, falei que cada um iria no seu tempo e que ninguém era obrigado a fazer o que não sentisse vontade. Assim estava tudo certo. A pessoa começou a se movimentar lentamente, foi até uma única cadeira que ainda restava, pegou seu material e começou a fazer a atividade proposta.

Recursos Disponíveis

Este item é muito importante para que a facilitação seja adequada às condições do grupo e da organização. Considere os recursos disponíveis como tempo, área externa e interna, infraestrutura, orçamento e outras questões que possam apoiar o processo. Às vezes o cliente pede um encontro e durante a conversa fica evidente que um encontro não será suficiente. Avalie possibilidades de ter uma trilha de desenvolvimento. Avalie a possibilidade de mesclar momentos presenciais com momentos *on-line*. Avalie o quanto estas possibilidades podem influenciar em toda sua proposta de facilitação.

Ambiente de Trabalho

Avalie se o grupo trabalha em ambiente presencial, remoto ou híbrido e como são as interações nestes momentos. Muitos grupos foram para o modelo remoto após a pandemia e escolheram não voltar para o presencial. Outros grupos voltaram para o presencial somente alguns dias da semana. Também há aqueles que por força da natureza de sua atividade nunca mudaram e seguem ou no remoto ou no presencial. Estas questões ajudam a compreender o momento do grupo e a definir abordagens de facilitação a serem adotadas.

Lembro que compreender o grupo em seu contexto, cultura e dinâmica é essencial para estruturar uma facilitação ou trilha de desenvolvimento que atenda às suas necessidades.

A IDENTIDADE DE QUEM FACILITA
INDEPENDE DO TIPO DE FACILITAÇÃO

Repito aqui a importância de estar presente a fim de avaliar o que será aberto junto ao grupo e como este trabalho será realizado. Cada grupo tem seu ritmo, cada grupo tem suas toxinas, cada grupo tem seus nutrientes, cada grupo tem a sua dinâmica própria de funcionamento. Um trabalho pode estar chegando em sua fase final e, devido a um novo "evento desencadeador" que impacta o grupo, ou devido a uma súbita saída de um membro, ou até mesmo em um caso de fusão, a dinâmica de funcionamento do grupo muda, emergindo assim novas ou antigas tensões, novas oportunidades de desenvolvimento e novas necessidades de cuidado. Destaco que é muito comum o grupo não ter consciência do evento desencadeador e, em diversos casos, uma conversa facilitada por alguém externo e com habilidades para abrir, nutrir e sustentar diálogos, faz com que o grupo se dê conta e perceba de onde vem suas tensões.

Todo este trabalho estará sempre a serviço das pessoas e, a partir das pessoas, as organizações colhem maior produtividade, criatividade, capacidade de lidar com fatores incontroláveis, autonomia, protagonismo, capacidade de tomar decisões e sustentar divergências, cuidando das relações.

Chamo a atenção para não confundirmos tipos de facilitação com métodos de facilitação. Podemos utilizar, por exemplo, atividades vivenciais (que é um método) para facilitar o Desenvolvimento Humano ou para promover um *Teambuilding* (que são tipos de facilitação). Podemos utilizar atividades ou cerimônias com origem nos métodos ágeis (que são métodos) para facilitar a Tomada de Decisão (que é um tipo de facilitação). O tipo de facilitação está muito associado à sua necessidade. A partir da identificação da necessidade podemos compreender o tipo de facilitação e a partir desta identificação propor métodos que vão atender a necessidade.

Quanto maior for o repertório de uma pessoa que facilita grupos, maior será sua capacidade de pensar em soluções adequadas ao estilo do cliente. Isso não significa não ter um estilo próprio, muito pelo contrário, uma pessoa que facilita grupos pode desenvolver seu estilo e navegar com ele por diversos tipos de facilitação. Lembre que a identidade de uma pessoa que facilita grupos não reside no tipo de facilitação. Uma mesma pessoa pode ser chamada para facilitar diversos tipos de facilitação justamente por ter um jeito que cativa, que proporciona segurança, que proporciona cuidado, que estimula a participação de todos sem invadir o espaço de ninguém. Quanto mais um facilitador conhece novos tipos de facilitação, mais se desenvolve e mais desenvolve sua carreira. Repertório e experiência apoiam sempre.

QUANDO E PARA QUÊ CONTRATAR UMA FACILITAÇÃO

Existem casos em que é muito claro o motivo para o qual uma facilitação será oferecida a um grupo de trabalho. Existem outros casos em que este motivo não está tão claro, porém, existe uma suposição de que proporcionar uma facilitação pode ser um caminho a ser nutrido junto a um grupo.

Aprendi a valorizar diálogos incompletos e oportunidades ainda submersas. É cada vez mais comum conversar com um cliente sobre um determinado caso, que será facilitado, e a partir desta conversa, ele começar a ter ideias e visualizar outras oportunidades sobre outros grupos. Já tive muitos casos em que tratávamos de uma apresentação de fluxo de encontro e o cliente diz assim: – "Estou tendo uma ideia... acho que não é bem isso que estamos falando, mas talvez seja um outro caminho, para outro grupo".

Este tipo de fala, no momento da apresentação de fluxo de atividades, ou numa reunião de *briefing*, ou até mesmo no dia de facilitação, inspira o cliente a ter outras facilitações com outras equipes, mas nem sempre o "para quê" está evidente. É como se fosse uma intuição de que é um caminho com grande potencial para auxílio. Da mesma maneira, ocorre quando um cliente entra em contato e diz assim: – "Tenho acompanhado suas postagens nas redes sociais e tive algumas ideias aqui. Podemos conversar mais para eu entender se há caminhos de fato?"

Perceba que este caso também é algo em construção, no qual emerge a possibilidade de explorarmos caminhos e construirmos em conjunto algumas alternativas.

O ponto central que faz com que uma facilitação de grupos seja contratada é a necessidade de apoiar um determinado grupo a vivenciar um processo. Daí emergem os tipos de facilitação que abrem este capítulo. Toda vez que um grupo tem uma necessidade comum a todos os membros (ou para a grande maioria dele) e esta necessidade será suprida a partir da interação entre eles, a partir da inteligência coletiva e por caminhos de descoberta, recomenda-se a realização de uma facilitação.

Desta forma, compreendemos que a facilitação de grupos é um caminho para nutrir a inteligência coletiva cuidando das relações e proporcionando que os membros de um determinado grupo interajam a partir de diálogos e atividades buscando de forma coletiva a resolução de suas questões ou viver um processo necessário. Mais importante do que pensar no "por que" contratar uma facilitação é pensar no "para quê" contratar uma facilitação. O olhar do "para quê" é um olhar para a frente e focado em dar clareza no benefício. O que vamos resolver contratando esta facilitação? Como esta facilitação apoiará o grupo? Estas questões promovem a consciência da intenção e assim fica mais claro compreender quando e para quê contratar uma facilitação. E se mesmo assim ainda ficar alguma dúvida, abrir um espaço de diálogo com pessoas acostumadas a facilitar grupos será um ótimo caminho para estruturar o pensamento e identificar questões que porventura não estavam emergindo.

6 facilitação individual, em duplas, trios e times de facilitadores

ESTE CAPÍTULO É DEDICADO A REFLETIR SOBRE VALORES, crenças e necessidades que dão origem à composição de grupos de facilitação. Não trago aqui um jeito específico que tem que ser. Apresento aqui caminhos a serem explorados. E mais, ofereço também um olhar de possibilidades e abertura, associado a responsabilidade das complementariedades e cuidados a serem considerados com quem facilita e com quem é facilitado. É a partir destas análises e considerações que emergirá a necessidade de formação de duplas, trios, grupos ou até mesmo a escolha por facilitar de forma individual.

PRINCÍPIOS

Começo esta análise abordando a questão dos princípios e como eles podem se conectar a esta questão.

- Quais valores regem a sua vida?
- Quais valores te inspiram?
- Como os valores se expressam em suas escolhas de trabalho?

Estas questões, em torno de nutrientes existenciais e filosóficos, estão diretamente relacionadas à consciência sobre como cada pessoa faz o que faz. No meu caso, eu alimento valores e princípios que se conectam com a colaboração, com a inteligência coletiva e com a valorização das relações. Estes valores e princípios se expressam através das escolhas que fazemos constantemente. Não existe uma tabela, uma lista ou um roteiro pré-definido para isso, pois faz parte do nosso jeito de ser e de se colocar onde nos colocamos.

É natural que, sempre que eu estiver facilitando um grupo, eu considere princípios e práticas que representam e nutram a colaboração e os meus valores. O fato de eu sempre facilitar nutrindo estes princípios e valores não significa que eu sempre venha a facilitar em grupos de facilitadores. Existem muitos momentos em que eu facilito individualmente e sempre em colaboração com quem me contrata. É muito comum eu escutar dos clientes frases de agradecimento pela abertura para construirmos juntos e, principalmente, flexibilidade para fazermos ajustes e mudanças durante o percurso. Não falo aqui de submissão, falo aqui de considerar os prós e contras e, a partir da consciência do que emerge, tomarmos decisões conscientes e coletivas, às vezes envolvendo inclusive o próprio grupo que está sendo facilitado.

Toda vez que falo em princípios, me vem em mente a expressão "princípios norteadores", muito utilizado em planejamentos estratégicos e outras atividades. É isso. Como aplicar este conceito para apoiar nossas decisões diárias? Como utilizar a consciência dos meus próprios princípios norteadores para apoiar minhas escolhas e renúncias, de todos os dias, e agir com coerência? Destaco a importância de reconhecermos os princípios e os valores que nos alimentam e nos inspiram para investigarmos se estamos agindo com coerência e assim, identificar a necessidade de ajustar nossa própria rota de conduta.

Perceba que a questão dos princípios pode interferir na tomada de decisão de facilitar individualmente ou em grupo e, a meu ver, a colaboração não reside exclusivamente nesta escolha. A colaboração vai acontecer na forma de interação. Uma facilitação pode acontecer com um trio de facilitadores para um determinado projeto e, mesmo assim, não existir colaboração nesta escolha. Por outro lado, pode acontecer uma facilitação de forma individual e ser um processo muito colaborativo, no qual há colaboração entre facilitador e contratante e, talvez, até venha a existir uma criação coletiva de um planejamento. O processo de construção de um encontro não se dá de forma isolada. A colaboração pode se manifestar em diversas etapas de um projeto no qual exista a necessidade de fazer pedidos para a rede de contatos, ou quem sabe, haja a necessidade de um design de uma apresentação, entre tantas necessidades, trocas, construções de conteúdos, definição de caminhos, que acabam por envolver uma série de pessoas que colaboram para que no dia da facilitação, você possa estar lá fazendo a sua melhor entrega.

CRENÇAS

As crenças de quem facilita (e todos nós possuímos crenças) também são um fator que pode interferir na composição de times de facilitação. Pode acontecer de uma crença se destacar mais do que um princípio, ou até mesmo, do que um valor, ao tomarmos uma decisão. Sim, ás vezes tomamos decisões rápidas baseadas em nossas crenças.

Aproveito a oportunidade para resgatar, de forma bastante breve, o entendimento sobre o que são crenças. As crenças são convicções ou até mesmo suposições conscientes que possuímos sobre diversas áreas da vida. As crenças fazem parte da nossa estrutura cognitiva, são abrangentes e interferem em muitas das nossas decisões e formas de interpretarmos os fatos.

NECESSIDADES

Lembro de poucas vezes ter participado de trios ou times de facilitadores. Nestes casos, havia uma necessidade muito evidente. Lembro de uma facilitação que aconteceu em Manhuaçu (MG) onde realizamos uma série de atividades vivenciais em uma fazenda de café. A intenção era promover a integração entre produtores de café e uma cooperativa de crédito rural da região. Após cada atividade, fazíamos rodas de processamento em meio a plantação, regadas a muito pão e café, tudo produzido na hora. O time que estava sendo facilitado era considerado grande e nós estávamos em 4 facilitadores de grupos. Cada um de nós fazia um circuito de atividades e processamentos com um grupo de 20 participantes. No final, tivemos um grande processamento geral do dia conversando com todos juntos. Lembro que chegamos um dia antes, estudamos as atividades, conhecemos a fazenda, escolhemos os locais onde cada atividade aconteceria, desenhamos os fluxos de interações, havia uma necessidade clara de 4 facilitadores com habilidades muito semelhantes.

Existem casos em que a necessidade é outra, por exemplo, compor habilidades. E neste caso, pode ser em grupos com poucos participantes.

Muitas vezes estar em dupla é uma segurança para quem facilita e para quem é facilitado. Duplas de facilitação se apoiam mutuamente com insights, com organização dos espaços, com a construção coletiva que emerge nas conversas de planejamento, com inúmeros olhares de complementariedade e, principalmente, dependendo do tipo de facilitação, com o suporte emocional e afetivo que facilitadores oferecem entre si. Ás vezes o tamanho do grupo não tem nada a ver com a escolha de ser uma dupla, há casos em que o assunto é tão exigente que ter duas pessoas qualificadas nutrindo e sustentando a energia torna o processo mais saudável para todos.

Eu já tive a oportunidade de facilitar grupos com grande número de participantes estando sozinho no momento da facilitação e já tive a oportunidade de facilitar grupos pequenos em dupla. Perceba que não é somente sobre o tamanho do grupo, é sobre o tamanho da necessidade que vamos nutrir e sustentar. Esta é uma compreensão e um aprendizado que somente o tempo de prática me deu.

Quando falamos em facilitações em duplas, trios, times e até mesmo em facilitações individuais é muito importante considerar alguns aspectos que vão proporcionar segurança para as pessoas e fluidez para o processo. Outro dia, bem recente, tive uma experiência que vou relatar aqui. Não era um grupo muito grande e mesmo assim precisamos fazer uma facilitação com 3 facilitadores pelo fato da facilitação ser híbrida. Estávamos em dois facilitadores com foco no grupo presencial, e um facilitador (na mesma sala em que estávamos) facilitando as interações com outra parte do time que estava online. Foi uma facilitação em um dia de trabalho que normalmente fazemos entre dois facilitadores. O fato de ter um grupo online exigiu uma terceira pessoa facilitando. Neste caso, foi muito importante termos definido papéis bem claros como: quem ficará no online, quem facilitará atividades e quem facilitará apresentação de conteúdos. São acordos que precisam ser estabelecidos antes da facilitação entre as duplas ou trios que vão facilitar um encontro. Também aproveito para contar que encontros híbridos são bem desafiadores quando precisamos proporcionar interações entre pessoas que estão presenciais e as que estão online. Precisamos de câmeras, microfones, toda uma estrutura de transmissão contemplando o espaço físico presencial e o online. As pessoas precisam se ver e ser vistas, escutar e ser escutadas. Neste caso específico, facilitar em trio e fazer combinados prévios foi a nossa melhor escolha.

Quando falo em papéis em uma facilitação em duplas, estas questões não têm uma regra, é tudo conversado e definido entre os facilitadores de forma que não fique pesado ou exigente de mais para um deles. Apresento agora alguns aspectos que podem orientar a escolha por facilitar em duplas, trios grupos de facilitadores ou se for o caso individualmente.

Complexidade ou Especificidade Técnica de um assunto

Esta questão pode exigir a presença de uma pessoa com conhecimento técnico que assuma o papel de especialista. Eu não facilito Planejamento Estratégico sem uma pessoa especialista em Planejamento Estratégico. Quando participo destas atividades, eu tenho a clareza do meu papel que está mais associado a integrar o grupo, promover diálogos, gerar perguntas e proporcionar atividades em grupo que promovem a inteligência coletiva.

O Nível de Complexidade Emocional

Aqui eu me refiro ao quão exigente será o encontro em termos de sensibilidade e possível tensão que o assunto provocará no grupo. Considero também o nível de maturidade de um grupo e o quanto será necessário apoio para sustentar o que emergir do grupo. Algumas vezes uma pessoa experiente e com habilidades pode sustentar sozinha, outras vezes, estar em duplas se torna mais seguro.

Tenho uma história para contar sobre esta questão. Estávamos em dupla facilitando um grupo que tinha um conflito muito sério e que já estava em um estágio bem elevado. Durante a manhã, eu e o meu parceiro de facilitações facilitamos juntos este momento que ocupou praticamente toda a manhã. Foi tenso e bem exigente nutrir e sustentar as conversas, ele fez colheitas enquanto eu estive a frente da facilitação. Almoçamos na sede da empresa e voltamos logo, arrumamos a sala para uma atividade que teríamos com aquele mesmo grupo no turno da tarde. A atividade do início da tarde seria facilitada por mim, porém eu fiz um pedido para que ele facilitasse toda a tarde porque eu estava exausto e me sentindo muito fraco após aquela intensa manhã. Foi ótimo estarmos em dupla. Ele assumiu o início da tarde, seguimos comigo apoiando e mais para o meio da tarde, eu já estava recuperado. Isso é muito comum de acontecer. Dependendo da intensidade do que abrimos, nutrimos e sustentamos, o desgaste é gigante e estar em dupla é sempre muito bom.

Humildade e Diligência

Toda vez que alguém for facilitar um grupo é válido perguntar para si próprio o quanto se está preparado para abrir e sustentar a conversa e as atividades necessárias. Desta resposta pode emergir a necessidade de uma parceria, já sabendo inclusive o perfil desejado. Isto não pode ser uma pergunta bloqueadora. Pense bem: a intenção desta pergunta é promover que a pessoa que vai facilitar uma atividade possa se preparar com tudo que estiver ao seu alcance em termos de conteúdos, informações sobre o time, organização e o que mais for relevante. A intenção é perceber se falta alguma competência ou habilidade reconhecida em outra pessoa que pode estar facilitando junto e, assim, compor uma dupla ou um trio. Reconhecer os próprios limites é um ato de coragem que evita entrar em roubadas.

Estrutura, Tamanho do Time e Tempo de Atividade

Por fim, apresento uma questão mais tangível e facilmente reconhecida. Este é o mais usual fator determinante para uma facilitação acontecer em duplas ou trios. Por tudo que já trouxe antes, não digo que é o mais relevante. Já tive situações de facilitar em ambientes muito grandes e com grande número de participante e que não foi necessário ter uma dupla de facilitação, mas sim uma pessoa que desse assistência em um momento de facilitação. Assistência no sentido de distribuir materiais nas mesas de trabalho, recolher materiais, buscar ou providenciar algo que esteja faltando, entrar em contato com alguém para resolver alguma questão, apoiar para montar um ambiente em área externa enquanto acontece uma atividade em outro local. Há uma série de questões que envolvem operação que podem ser realizadas por uma pessoa que não seja, necessariamente, um facilitador, mas por um assistente. Há casos em que identifico estas pessoas previamente no cliente, durante a reunião de *briefing*, ou durante o encontro. A questão sensível é compreender com antecedência casos em que cabe e casos em que não cabe este tipo de solicitação para os membros do grupo. Trago também a questão do tempo de atividade. Uma facilitação em um retiro de dois dias intensos de atividades, que exigem concentração, foco e sustentar a energia do grupo, vai requerer duas ou mais pessoas facilitando, para que possam revezar e fazer uma entrega mais consistente. Nada impede que uma pessoa vá facilitar sozinha, haverá prós e contras, e isso precisa estar claro para todos envolvidos.

Quero compartilhar como as coisas acontecem quando estou facilitando em dupla, na grande maioria das vezes é assim que eu facilito. Em dupla, nós participamos juntos da reunião de *briefing*, planejamos o encontro, definimos atividades, apresentamos o planejamento para o cliente e facilitamos o encontro propriamente dito. Estar em duplas permite escutar uma visão diferente e construir caminhos em conjunto. Ás vezes pode acontecer de termos pontos de vista diferentes ou até mesmo interpretarmos de forma diferente uma necessidade do cliente. E está tudo bem, isto é natural. Conversamos com o cliente e esclarecemos as dúvidas. Quando fazemos o planejamento, definimos quem faz o que na facilitação. Estar em dupla me possibilita uma complementariedade muito grande. Na hora da facilitação, o fato de estarmos com a clara definição de quem faz o que, não significa que enquanto um facilitador está conduzindo uma atividade o outro vai se ausentar, sempre estamos juntos, sempre estamos atentos para um apoiar o outro e efetivamente sermos uma dupla facilitando a serviço do grupo. Destaco também a fundamental importância do alinhamento, da sintonia e da harmonia entre duplas e possíveis trios de facilitadores.

Concluo este capítulo refletindo sobre os diversos fatores que influenciam a tomada de decisão quanto a realização de uma facilitação de grupos de forma individual, em duplas, trios ou grupos maiores de facilitadores. A facilitação de grupos é um processo dinâmico, que pode variar muito, dependendo do contexto. Facilitar individualmente, em duplas, trios ou em grupos está diretamente relacionado ao nível de exigência da facilitação, à necessidade de complementariedade técnica e até mesmo de questões orçamentárias. A escolha da composição do time de facilitadores deve sempre considerar o propósito do encontro e as condições presentes, de forma a promover um ambiente colaborativo e coerente com os princípios de quem facilita. Facilitar é, em essência, um exercício constante de flexibilidade, autoconhecimento, humildade e colaboração, no qual a escolha de facilitar sozinho ou em grupo deve estar sempre conectada ao propósito maior de criar um espaço seguro e propício para o desenvolvimento coletivo.

7

incontroláveis, imprevisíveis e indesejáveis em uma facilitação

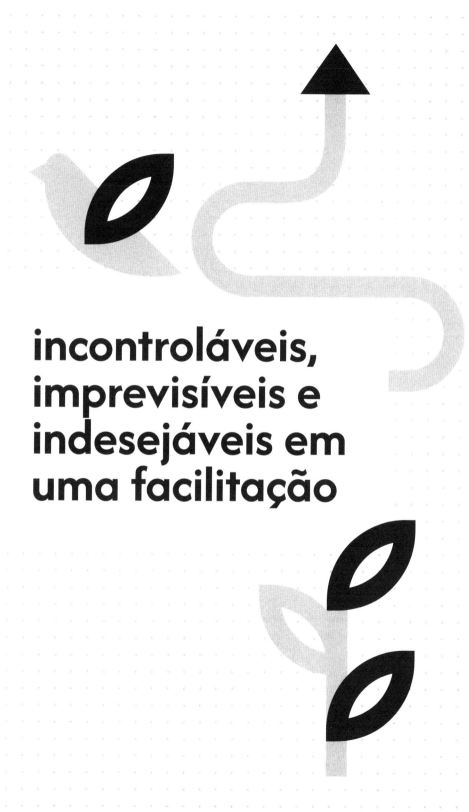

"Concedei-me, Senhor, a serenidade
para aceitar as coisas que não posso modificar,
coragem para modificar aquelas que posso,
e sabedoria para distinguir umas das outras."

– Reinhold Niebuhr

A FACILITAÇÃO É VIVA.

A facilitação de grupos é uma atividade totalmente relacionada a nutrir, sustentar e promover a inteligência coletiva. Eu reconheço que o que ocorre em um grupo é uma expressão perfeita do momento que ele está vivendo. Não apresento aqui um olhar de conformismo, ofereço um olhar de acolhimento. Considerando contexto, competências, maturidade, relações, preparo, tempo investido, dedicação e uma série de peculiares a cada momento do grupo, todo encontro é sempre um novo encontro. O convite é sempre para a presença no aqui e agora. É para observar, contemplar, sentir e assim perceber o momento presente. E, sim, pode ser que aconteçam imprevistos. Como eu lido com os imprevistos? Me comporto a partir de reações instintivas e impulsivas ou consigo ter atitudes que honram e consideram meu contexto, meus pensamentos e meus mais sinceros sentimentos? Sou eu próprio que em mim emerge diante do incontrolável que se apresenta.

Lembro de uma vez em que um cliente solicitou muitas reuniões prévias ao encontro porque ele desejava saber tudo que iria acontecer. Aquele gestor não desejava ser pego de surpresa sob qualquer aspecto. Desejava ver a apresentação, pediu para saber como seria o roteiro de atividades, quem conduziria cada momento e quanto tempo iria durar cada intervenção. Desejava saber os tempos de fala de cada momento e o que poderia acontecer. Algumas questões faziam sentido e faziam parte de uma importante organização do nosso planejamento, porém, é oportuno e saudável compreender os limites daquilo que queremos controlar e estar preparado para o que não se controla. No horário para começar o encontro, um microônibus com um terço dos participantes estava atrasado por conta de um engarrafamento. Por este motivo, atrasamos em torno de 20 minutos o início do evento, o que já foi suficiente para desestruturar o cidadão. No momento de começar, já com todos no salão, ocorreu uma queda de luz por algum problema externo. Não tínhamos equipamento para a apresentação inicial que ele desejava conduzir, não tinha luz no salão, o ar-condicionado parou de funcionar, não tinha equipamento de som, foi bem ruim. Ele dava pulos de tão revoltado e nervoso. Iniciamos o encontro com quase uma hora de atraso.

Eu gosto de começar as facilitações de grupo em círculo. Gosto de organizar o círculo. Gosto de círculos redondos. Não se trata de um ovo, ou de um semicírculo, ou de uma outra forma geométrica qualquer: para mim círculo é círculo. Sim, eu também tenho as minhas manias e está tudo bem. As pessoas chegam e vão puxando as cadeiras para sentar-se, deformam o círculo... me dá um nervoso... e quando percebo a intenção de mudar alguma cadeira de lugar para sentar-se próximo de alguém conhecido... "Argh!" Aí eu peço gentilmente para não mudar as cadeiras de lugar. Quanto mais eu me conheço e percebo minhas manias e limitações, mais e melhor eu acolho os incontroláveis e os imprevisíveis.

Um ponto que gosto de abordar é que nem sempre os incontroláveis precisam ser imprevisíveis. Às vezes sim, porém há muitas vezes que é possível prever que vamos lidar com determinadas questões com as quais não teremos controle e, abrir tais questões em um grupo, provocar algumas determinadas conversas em um grupo significa abrir espaço para o incontrolável, pois não há como controlar a reação de um grupo para certas conversas necessárias e oportunas. Prever alguns incontroláveis é uma questão de atenção prévia e que, muitas vezes, podem ser observados. Existem incontroláveis totalmente previsíveis relacionados a condições climáticas, salvo raras exceções. É muito mais provável sabermos que estará chovendo e que não será possível fazer uma determinada atividade na rua do que sermos surpreendidos por uma repentina chuva não anunciada, e isto também acontece, porém com menor frequência.

Apresento a seguir uma lista de imprevisíveis relacionados ao grupo. Durante a leitura de cada um dos itens a seguir, procure refletir como você agiria se acontecesse com você facilitando um grupo. Talvez até já tenha acontecido. Neste caso, procure lembrar e aproveite para refletir sobre como você conduziu a situação.

- Pessoas que tendem a falar muito e dominam as conversas;

- Pessoas que falam pouco ou não se sentem confortáveis para interagir;

- Confrontos de ideias entre participantes que com o passar do tempo se intensificam, se tornam agressivos e exigem intervenção; imagine se o grupo é composto por líderes do mais alto nível hierárquico da organização;

- Fatos relevantes e significativos recém ocorridos na empresa que mobilizam emocionalmente o grupo. Eu já vivenciei casos em que, um dia antes da facilitação, um importante membro de um grupo havia sido demitido. Tive outra situação que envolveu o falecimento de um querido colega na manhã do encontro. Assim como também já recebemos a notícia de uma promoção de um colaborador anunciada no momento do encontro, tudo isso mexe com o grupo, mobiliza o grupo e repercute no encontro;

- Alguém no encontro vive um profundo desequilíbrio emocional por acessar determinado conteúdo relacionado a uma memória traumática;

- Na hora do encontro, faltam pessoas chave (que haviam confirmado presença) para o desenvolvimento de atividades planejadas – nada é por acaso;

- O grupo entra em um movimento de resistência aos conteúdos e às atividades;

- O grupo se sente ameaçado e se coloca contra a pessoa que facilita, demonstrando agressividade e resistência;

- Outras pessoas, não previstas inicialmente, acessam o local do encontro e o grupo trava;

- Uma conversa se transforma em uma sessão de reclamações e toma um rumo completamente inesperado e indesejado;

- Diante de críticas que emergiram em uma atividade, a liderança se sente ofendida e exposta e passa a culpar a pessoa que facilita o trabalho por falta de cuidado; imagine que esta liderança é a responsável pela contratação da atividade.

Agora que você leu todas estas possibilidades de situações, reflita como você reagiria a cada uma destas situações. Reflita no tipo de encaminhamento possível.

Assim como existem imprevisíveis relacionados ao grupo, também existem imprevisíveis relacionados a pessoa que facilita o encontro. Ela está sujeita a uma série de contratempos que podem afetar negativamente a condução de uma facilitação. Estes fatores vão desde um engarrafamento fora do comum, problemas com voo (para quem voa no dia da facilitação), problemas digestivos e emocionais, entre tantos outros. É bom lembrar que pessoas que facilitam grupos são pessoas. Nestes 10 anos de facilitação de grupos, eu já enfrentei muitos perrengues, inclusive vocês já leram alguns lá no início deste livro onde apresento breves histórias reais que aconteceram comigo.

Vou contar mais um caso real que ilustra muito bem estes desafios com origem nos incontroláveis e imprevisíveis. Eu tive Covid duas vezes e em ambas eu estava com facilitações agendadas. Quando tive pela primeira vez, eu percebi alguns sintomas bem iniciais quando estava em deslocamento para o local do encontro. Por precaução e segurança, resolvi parar em uma farmácia e fazer um teste, deu positivo. Era próximo das 7h da manhã e a facilitação estava agendada para ter início às 8h30. Avisei meu parceiro (estávamos facilitando em dupla) e naquele dia ele conduziu o encontro sozinho. Na segunda vez que eu tive, o diagnóstico foi confirmado três dias antes de embarcar para uma facilitação em outro estado. Tivemos pouco tempo para cancelar a minha passagem, emitir novas e fazer todos os ajustes para que outra colega facilitadora me substituísse.

Eu sempre procuro voar um dia antes da facilitação. Sempre. O retorno até pode ser no final do dia em que facilito, mas o voo de ida é praticamente uma regra chegar ao destino da facilitação no dia anterior para organizar os materiais, checar tudo e estar com total qualidade para conduzir o processo necessário na facilitação junto ao grupo.

Quando olhamos para os imprevisíveis relacionados à estrutura, vale lembrar que algumas vezes classificamos como imprevisíveis o que, lá no fundo, podem ser considerados como falta de organização ou de planejamento.

- Cancelamento de voo, mesmo um dia antes – isto é bem ruim;

- Falta de luz no momento da facilitação. É totalmente imprevisível;

- Arquivo corrompido. Já me aconteceu de enviar uma apresentação ao cliente e ele salvar o arquivo em outra extensão sem me avisar. Ficou tudo muito feio. Foi horrível.

- Excesso de chuva que impede alguma atividade;

- Pane em equipamentos ou falta de adaptador, cabo quebrado, bateria, lâmpada do projetor etc.;

- Mesas e estrutura de trabalho não compatíveis com o que foi planejado. A sala é bem menor que aparentava ser nas fotos, os cavaletes não param em pé e/ou ficam apoiados na parede;

E por aí vai. Tem de tudo.

Todas as questões apresentadas aqui são factíveis e muitas delas aconteceram comigo ou com parceiros de trabalho. Visitar estas questões, relembrar de outras, e até mesmo avaliar riscos envolvendo futuras possibilidades, são formas responsáveis de tirar o incontrolável deste lugar inacessível e trazer para a área de responsabilização, em que se pode tomar decisões e fazer escolhas conscientes. Existem incontroláveis relacionados ao grupo, à estrutura, à operação do encontro e a quem facilita.

"

Os imprevisíveis e os
incontroláveis são chamados
de um "emergente" – aquilo
que emerge no grupo –
e este é justamente o tesouro
a ser trabalhado.

Desenvolver-se a fim de proporcionar estofo para lidar com maturidade com os imprevisíveis e incontroláveis é sempre o melhor a ser feito.

O EMERGENTE

Em alguns casos, os imprevisíveis e os incontroláveis são chamados de um "emergente" – aquilo que emerge no grupo – e este é justamente o tesouro a ser trabalhado. Existem facilitações de grupo com foco em desenvolvimento de habilidades comportamentais em que tudo que mais se deseja é trabalhar o emergente do grupo. Assim, é bom que exista um cuidado e um planejamento para dar espaço e para acolher o emergente do grupo e transformá-lo em conteúdo a ser investigado, nutrido e sustentado. Novamente eu pontuo, toda facilitação precisa ter uma intenção. Ter clareza sobre a intenção a ser nutrida e sustentada é a base para definir caminhos pertinentes e considerar ameaças e oportunidades.

A manifestação da inteligência coletiva é um emergente. Falas inspiradas pelas falas de outros colegas também é um emergente. O nível de abertura e segurança que o time se encontra proporciona que emerja mais ou menos conteúdos, reflexões e emoções, e a partir daí podemos considerar tudo como sendo um emergente. O silêncio, as resistências, um conflito, uma disputa, ansiedades, angústias, euforia, inquietações, espontaneidade, fluidez, leveza, confiança, trocas, diálogos significativos e colaboração emergem em grupos de trabalho, e isso é natural, faz parte do jogo. Com esta clareza e reconhecimento de que tudo isso é natural, nós vamos da desresponsabilização dos incontroláveis para o acolhimento do que emerge. Somente a leitura apurada de grupos proporcionará que quem facilita possa intervir fazendo a condução adequada, respeitando o que emerge, e não o que se supõe.

REFLEXÕES

Esse capítulo nos leva a refletir sobre a complexidade da facilitação de grupos e a importância de saber lidar com os imprevisíveis, incontroláveis e emergentes. Estamos diante de uma reflexão sobre o equilíbrio entre o que é de nossa responsabilidade controlar e o acolhimento (aceitação) do que emerge naturalmente, em um processo vivo de facilitação de grupos.

Aqui estão alguns questionamentos para inspirar reflexões sobre este tema:

- Qual é a diferença entre tentar controlar todas as variáveis de um encontro e estar presente para acolher o que emerge espontaneamente?

- Como a resistência do facilitador a aceitar o imprevisível e a incapacidade de lidar com o que emerge em um grupo pode impactar nos resultados de uma facilitação?

- De que maneira a pessoa que facilita pode transformar incontroláveis considerados "problemas" em oportunidades de aprendizado e desenvolvimento para o grupo?

- Como a atitude de acolhimento dos incontroláveis pode influenciar a confiança e a segurança psicológica do grupo?

- Como diferenciar quando um evento é, de fato, incontrolável ou quando ele é resultado de uma falta de planejamento ou preparação adequada?

- Como a pessoa que facilita pode utilizar sua própria autopercepção e autoconhecimento para manejar melhor os incontroláveis e emergentes durante uma facilitação?

- Até que ponto a necessidade de previsibilidade e controle de um cliente ou de uma liderança pode limitar a potencialidade de uma facilitação e da inteligência coletiva do grupo?

- Como a pessoa que facilita pode lidar com suas próprias emoções e expectativas em situações de crise ou eventos inesperados?

Após tantas questões que apoiam a refletirmos sobre quem nós nos tornamos diante dos incontroláveis, imprevisíveis e até mesmo indesejáveis de uma facilitação de grupos, cabe lembrar que toda facilitação será avaliada. Este é o assunto que quero abordar no próximo capítulo.

8
como avaliar uma facilitação?

CONTEÚDOS / INTERAÇÕES / PROCEDIMENTOS

Existem muitas maneiras de saber se uma facilitação de grupo foi efetiva e se atingiu o objetivo. Foi como participante de um grupo, fazendo a Formação Germinar, que eu aprendi a avaliar uma facilitação com base nos pilares "Conteúdos, Interações e Procedimentos". Estes três pilares fizeram muito sentido quando eu fui convidado a avaliar os encontros desta maneira. Até na hora de fazer uma avaliação, tive a sensação de estar sendo facilitado, o que expressa atenção e cuidado.

Este modelo de avaliação, baseada nestes três pilares, serve para qualquer tipo de reunião. Você pode pensar em uma reunião que aconteceu recentemente e avaliar cada um destes pilares. Um detalhe importante para ser considerado: se você sabe que uma reunião ou facilitação (retiro, assembleia, entre outras formas de encontro) será avaliada desta forma, você já pode, também, pensar nestes três níveis no planejamento.

É importante compreender quem avaliará, pois você poderá direcionar os três pilares com questões mais pertinentes. A facilitação pode ser avaliada pelos participantes de um grupo ou participantes de uma reunião, ou por quem facilitou junto com quem contratou. Há percepções distintas e podem ser realizadas em momentos distintos. É comum, por exemplo, fazer a avaliação junto aos participantes e depois, de posse destas avaliações, fazer uma reunião geral de avaliação junto à pessoa que contratou o serviço.

O Pilar de Conteúdos

Avaliar o Conteúdo se refere a análise da quantidade, adequação e qualidade dos conteúdos levados para uma facilitação de grupos e, inclusive, do que foi gerado coletivamente, quando o foco for este.

Lembro que existem facilitações em que o grupo produz seu próprio conteúdo, não havendo a necessidade de levar ou preparar um conteúdo teórico. Portanto, há uma grande oportunidade de observar e analisar os conteúdos grupais que emergem. Existem casos em que para o grupo realizar uma determinada tarefa, ele precisa de conhecimento e estudos prévios. Nestes casos em que há a necessidade de conteúdos, a análise será sobre todos os conteúdos disponibilizados e elaborados, sejam eles no formato de *pré-work*, no formato de palestrantes e conferencistas convidados, no formato de vídeos ou até mesmo palestras realizadas a partir de uma curadoria de conteúdos por parte de quem facilita.

O excesso de conteúdos pode atrapalhar ou confundir a compreensão, assim como a escassez de conteúdos pode provocar superficialidade de entendimentos. Lembro que o tipo de facilitação e a intenção da facilitação são fatores determinantes para compreender a medida certa de conteúdos a serem disponibilizados e abordados. Lembro que no caso de proporcionar conteúdos prévios (como reuniões de conselho) é fundamental que estes conteúdos sejam enviados com tempo hábil de leitura.

Ainda sobre conteúdos, cabe avaliar a qualidade dos conteúdos gerados pelos participantes. Repare se o grupo ficou girando e repetindo pensamentos, falas e temas "sem sair do lugar". Repare se o grupo se permitiu criar algo ou se somente fez releituras de "mais do mesmo", que só promovem a manutenção do *status quo*.

Os pensamentos do grupo vão se manifestar nos conteúdos e os conteúdos serão uma expressão destes pensamentos. Por outro lado, quando provocados por novos conteúdos, podem nutri-los ou resistir a eles. Tudo tem significado e quanto maior a capacidade de entendimento e compreensão dos movimentos e da dinâmica grupal, melhor será a interpretação do que se passa a partir dos conteúdos levados e gerados em uma facilitação.

O Pilar das Interações

A consciência deste pilar proporciona avaliar a qualidade e o estilo das interações entre os membros do grupo. Esta análise vai considerar fatores

"

Tudo tem significado e
quanto maior a capacidade
de entendimento e compreensão
dos movimentos e da dinâmica
grupal, melhor será a
interpretação do que se passa
a partir dos conteúdos levados
e gerados em uma facilitação.

como comportamentos e formas de comunicação. Existem grupos que manifestam muita competitividade diante de determinados estímulos, podendo, inclusive, estabelecer conflitos e disputas de poder. Por outro lado, existem grupos que diante dos mesmos estímulos agem em total clima de cuidado e colaboração.

Avaliar este pilar exige a capacidade de leitura atenta do grupo para perceber o clima de uma reunião. Às vezes, não precisa muito. Outras vezes, o comportamento dos participantes pode deixar muitas dúvidas e isto pode sinalizar questões veladas como medo de se posicionar, insegurança para questionar lideranças, histórico ruim vivenciado pelo grupo, conflitos, falta de conexão e proximidade, e tantas outras questões. Os sentimentos do grupo manifestam-se na forma como o grupo interage e no clima que se revela.

O Pilar dos Procedimentos

Neste pilar será avaliado se o procedimento desenhado para o encontro favoreceu ou atrapalhou o resultado. O procedimento adotado em uma facilitação para a realização de uma tarefa, com um determinado time de alta performance, muito colaborativo entre si, será completamente diferente do procedimento adotado para a realização de uma tarefa por outro time que vive um contexto diferente, tem um nível de maturidade diferente, e apresenta uma dinâmica de funcionamento muito mais orientada para a competição do que para a colaboração.

Uma facilitação com excesso de procedimentos (regras, controles, tempos...) irá engessar o grupo, podendo, até mesmo, interferir em sua capacidade de desenvolvimento como, por exemplo, orientações repletas de detalhes, com tudo já pré-estabelecido, com muito regramento e excessivo controle. Encontros com excesso de regras e normas podem sufocar o grupo tirando sua liberdade e não estimulando sua autonomia.

Já a falta de procedimentos pode provocar paralisia por não ter o mínimo de direcionamento necessário para que o grupo comece a produzir com foco em sua tarefa. Tudo depende do grupo e da intenção do trabalho.

Avaliar os procedimentos é uma forma de avaliar a dependência e a independência do grupo para realizar suas tarefas. Este pilar da avaliação é muito importante, principalmente em caso de facilitações, reuniões ou assembleias recorrentes. É a partir do olhar dos procedimentos que podemos repensar alguns métodos e, quem sabe, até inverter a ordem de algumas atividades, ou ainda promover maior ou menor intensidade de regras e ordenamentos, dependendo dos resultados obtidos com outros grupos.

QUE BOM... QUE TAL... QUE PENA...

Este modelo de avaliação é bem simples e funciona muito. Eu gosto de solicitar que as pessoas escrevam individualmente suas respostas em *post-its* de cores diferentes, previamente estabelecidos. Assim, todos respondem o "que bom..." em *post-it* verde; o "que tal..." em *post-it* amarelo; o "que pena..." em *post-it* laranja. Outra maneira que pode ser utilizada é cada participante ser direcionado a um formulário eletrônico, a partir de um QR Code, em que responde estas três questões e ainda pode deixar um recado livre sobre o que deseja trazer a respeito do encontro.

Como se trata de uma avaliação, não solicito a leitura em grupo, a não ser que esta proposição também tenha a intenção de funcionar como *check-out* do encontro, aí sim todos leem seus *post-its*. O pedido para que a leitura seja realizada somente depois que todos tiverem concluído é no sentido de evitar que a fala de uma pessoa contamine o pensamento de outra.

O olhar do "que bom..." é apreciativo, é celebrativo. O olhar do "que tal..." proporciona avaliar novas possibilidades, oportunidades. O olhar do "que pena..." é uma forma de manifestar alguma insatisfação.

Veja uma forma de avaliação misturando as duas propostas que apresentei neste capítulo.

Que bom... que tal... que pena... sobre os Conteúdos

Que bom... que tal... que pena... sobre as Interações

Que bom... que tal... que pena... sobre os Procedimentos

CONCLUSÃO

A avaliação da facilitação de grupos, reuniões, assembleias ou qualquer outro tipo de encontro é fundamental para o desenvolvimento contínuo das práticas de facilitação. Utilizar um modelo de avaliação baseado nos pilares de Conteúdos, Interações e Procedimentos permite um olhar abrangente e detalhado sobre os aspectos mais relevantes de um encontro, facilitando a identificação de pontos fortes e oportunidades de melhoria.

Conteúdos são nutrientes para o grupo. Avaliar a quantidade, qualidade e adequação dos conteúdos apresentados ou gerados ajuda a entender se os materiais foram apropriados para os objetivos da facilitação. Além disso, reflete se o grupo conseguiu gerar novos entendimentos ou se ficou preso a conceitos repetitivos, sem inovação.

Interações se referem à qualidade e ao estilo de comunicação e comportamento entre os membros do grupo. Entender a dinâmica das interações permite uma leitura mais clara do clima do encontro, revelando fatores como colaboração, competitividade, confiança ou conflitos. Este pilar ajuda a identificar barreiras invisíveis que podem estar limitando o potencial do grupo.

Procedimentos dizem respeito aos métodos e regras estabelecidas para conduzir o encontro. A avaliação desse pilar é crucial para entender se as estruturas implementadas favorecem ou atrapalham a produtividade e a criatividade do grupo. A partir dessa análise é possível ajustar o grau de formalidade, as diretrizes e o nível de autonomia oferecido, de acordo com as necessidades e características do grupo.

Integrar esses três pilares com a metodologia de avaliação "Que bom... Que tal... Que pena..." oferece uma forma acessível e eficaz de capturar percepções, tanto positivas quanto críticas. Essa abordagem garante uma avaliação mais humana, apreciativa e construtiva, que pode ser usada para fomentar a melhoria contínua das práticas de facilitação e a qualidade dos encontros em geral.

A prática contínua de avaliação, quando feita com cuidado e atenção, transforma cada facilitação em uma oportunidade de aprendizado e evolução, promovendo a maturidade do grupo, a excelência da facilitação e o constante desenvolvimento de quem facilita.

check-out

EU COSTUMO DIZER QUE NO INÍCIO a gente faz o *check-in*, no final a gente faz o *check-out* e no meio a gente "resmunga", ou seja, a gente fala, escuta, pondera, diverge e converge, e assim, nutrimos e sustentamos as conversas que importam. Pois bem, estamos chegando ao momento final deste livro. Não sei exatamente quanto de resmungo consigo próprio, este livro te proporcionou. Eu escrevi e resmunguei comigo ao corrigir, apagar, reescrever, pensar, sentir e deixar fluir. Escrevi de forma muito natural. Nunca pensei que este livro seria escrito de forma tão fluida como foi. Sonhei com o livro. Sonhei com os conteúdos. Adorei escrever e compartilhar um pouco do que vivo todos os dias ao facilitar grupos.

Expus aqui um olhar muito particular sobre o que entendo desta arte de planejar, nutrir e sustentar conversas e atividades em grupos. Este livro me proporcionou um importante resgate dos meus dez anos de atividade como facilitador de grupos. Aproveitei todo este resgate para me dar conta da minha própria trajetória. A cada página que escrevi fiz uma descoberta, elaborei e refleti sobre as escolhas que fiz.

Espero que este livro tenha inspirado você, provocado e quem sabe até convidado a identificar seu próprio jeito de facilitar grupos, reuniões, assembleias, retiros, encontros em geral.

Este livro traz uma série de provocações sobre a possibilidade de grupos de trabalho se desenvolverem e construírem intencionalmente relações mais saudáveis, nas quais todos possam ser cada vez mais autênticos. Este livro foi uma forma que encontrei de incentivar que líderes e equipes também possam, nas pequenas atividades do dia a dia corporativo, potencializar a inteligência coletiva nutrindo as relações.

Iniciei este livro contando histórias que eu vivenciei nestes 10 anos de facilitação de grupos. Expliquei a facilitação utilizando um método chamado *é, não é – faz, não faz*. Adorei escrever sobre facilitação de grupos com base neste método que tanto utilizo para outras questões em grupos de trabalho. Seguimos a trilha do livro com a minha história, as minhas formações e o meu próprio vir-a-ser. Compartilhei um pouco do que me trouxe até aqui com a total intenção de mostrar caminhos que podem inspirar caminhantes a fazerem seus próprios caminhos. Investigar os tipos de facilitação apoia a ampliar o olhar e o repertório sobre possibilidades e oportunidades. Explorar os momentos da facilitação com olhar para antes, durante e depois apoia a compreender a dimensão desta atividade. A composição dos times que conduzem uma facilitação nos proporciona ter consciência sobre as escolhas e sua importância para a condução de uma facilitação considerando a complexidade, os desafios e o orçamento de cada trabalho. Trouxe a oportunidade de refletirmos sobre os incontroláveis e o acolhimento do que emerge no grupo, e encerramos o livro com formas de avaliar uma facilitação.

Meu convite para este *check-out* é para que você reflita sobre:

- Revisando tudo que foi abordado neste livro, o que mais grudou em você?

- O que você aprendeu sobre facilitação de grupos ou quem sabe sobre você, que valeu muito a pena, mesmo que na hora não tenha sido muito bom?

Agora, tendo como base a sua experiência com este livro, eu te faço um convite bem especial. Reflita e responda:

- Que bom que:
- Que tal se:
- Que pena que:

Espero que o meu livro *O Facilitador e A Facilitação* tenha contribuído com o seu desenvolvimento ao proporcionar reflexões e insights e que assim, possa inspirar a sua jornada pessoal e profissional.

Desejo que você siga nutrindo novos encontros e, quem sabe, que a gente se encontre em uma facilitação!

Abraço e ótimos encontros!

Eduardo Cheffe

DANÇA DA PAZ

Germinam os desejos da alma,
Crescem os atos da vontade,
Maturam os frutos da vida.

Eu sinto meu destino,
Meu destino me encontra.
Eu sinto minha estrela,
Minha estrela me encontra.
Eu sinto meus objetivos,
Meus objetivos me encontram.

Minha alma e o mundo são um só.

A vida, ela se torna mais clara ao redor de mim.
A vida, ela se torna mais árdua para mim,
A vida, ela se torna mais rica em mim.

Busque a paz,
Viva em paz,
Ame em paz.

Rudolf Steiner

A ESSÊNCIA DA BAMBUAL EDITORA

Pulsa em cada pessoa algo que diz que é preciso ser diferente. É preciso fazer diferente.

A rapidez com a qual as inúmeras transformações estão acontecendo em todo o planeta traz dúvidas sobre quais decisões devem ser tomadas, insegurança quanto às informações que circulam e medo, muito medo do futuro. A ameaça de colapso global, a falta de confiança nas instituições e nas pessoas, as decisões unilaterais sem visão sistêmica: tudo isto traz angústia e retraimento.

É necessário refletir mais, conhecer soluções possíveis e reais, experimentar o diferente, descobrir e desenvolver as próprias potências, se transformar progressivamente e reconstruir a capacidade em confiar para se sentir pleno.

Em sua maioria, as pessoas já não dizem somente que irão agir com bondade: elas estão, efetivamente, fazendo algo bom entre si. A transição global emerge das ações e escolhas de cada um.

Inspirada nas principais características do bambu – profundo, forte, flexível – a Bambual Editora oferece possibilidades para que seu público perceba, com mais profundidade e consciência, a si e o mundo ao seu redor.

Queremos ser a ponte para o conhecimento inovador, que provoca e transforma, trazendo a tona tudo o que apoia o melhor de cada pessoa.

Nossa essência é sensibilizar o ser humano para que amplie sua percepção das múltiplas possibilidades que existem, saia dos condicionamentos, aprofunde sua autoconexão e faça escolhas diferentes.

"Saiba quem você é e seja o que você sabe."

www.bambualeditora.com.br
conexao@bambualeditora.com.br